非金融負債会計の研究

―蓋然性要件の取扱いを中心として―

松本 徹

専修大学出版局

はしがき

　国際的な会計基準策定の取組に伴い，それをわが国にどう取り入れていくかについては，現在の財務会計における最大の関心領域といえる。そのデュープロセスとして IASB（国際会計基準審議会）で検討される個々の会計基準等は，わが国の企業会計基準委員会で同様の審議がなされ，国内で基準化される。そのスピードは相当なもので，果たしてそれらの内容を網羅的に，かつ，詳細に吟味できているか，またそれを納得できるまで議論出来ているのかについては懐疑的な見解も少なくない。さらにそれを既存の会計基準や概念フレームワークと照合する作業などを含めれば，なおさらである。

　このような状況下において，本書で取りあげた「非金融負債（non-financial liability）」というテーマは，2000年代に入り，議論が活発になったが，様々な問題点から未だ会計基準として結論を得ないものである。また，個々の会計基準とそれぞれの概念フレームワークやわが国の企業会計原則などとの不整合は，先行研究において部分的に指摘されているが，それが非金融負債（引当金）に関してまとまったものは見当たらない。

　これらを踏まえて本書は，下記の3つを課題とし，その解明に取り組んだ。

　まずは，非金融負債とは何かという観点から，従前の引当金との異同，非金融負債の性質，また非金融負債はどう会計処理されるべきかを明らかにすることである。

次に，非金融負債に先行して，基準化の議論がなされた「資産除去債務」について考察することである。ここで議論された内容から，資産除去債務の会計処理に関する矛盾点を示し，それを解決する具体案を明らかにすることである。

最後に，非金融負債の議論の問題点は，「蓋然性要件の削除」に起因すると筆者は考えており，それを，様々な視点から考察を行い，「蓋然性要件の削除」の再検討の必要性を明らかにすることである。

本書は，「蓋然性要件の取扱い」を一貫したテーマとしている。この点を踏まえて，本書を読破していただけると，読後に筆者の結論とするところに対する感想が持ちやすいと考える。

また本書の編集中（2013年7月〜2014年1月）に，奇しくもIASBは「財務報告に関する概念フレームワーク」の見直しとして，資産や負債の概念など財務諸表の構成要素に関するディスカッション・ペーパー（DP）を提案しコメントを募っている。このDPと本書の結論（方向性）の異同が意味するところを汲み取ることが，今後のさらなる研究の課題であろう。

このように本書が上梓できたのは，長きに渡る研究生活を支えてくださった多くの方々のご指導とご教示の賜物である。

まず指導教授である黒川保美先生（専修大学教授）には，公私にわたり博士後期課程の在籍期間において，本当にお世話になった。まずはお礼を申し上げたい。

本来であれば，常に研究に没頭し，日々過ごさなければならないところを，経済的な理由から仕事をしていた時期もあり，いろいろな面で本当にご迷惑をおかけした。また，多くの学会やそのスタディ・グループに参加させていただく機会を与えて頂いたことにも，本当に感謝する次第である。

先生は普段，温厚で優しいお人柄であることは周囲の誰もが知るところであるが，論文指導の折には，非常に厳しく接して頂きご指導くださった。このことも，今となれば良い思い出であり，記憶に残る出来事であったと

思い返せる。

　これからも本書の完成に甘んじることなく，先生の教えを守り，研究者としてより一層邁進していく所存であり，今後ともご指導，ご鞭撻賜るよう，お願い申し上げる次第である。

　また私を研究者へと導いて頂いた修士課程時代の先生方に感謝申し上げたい。菊谷正人先生（法政大学教授）は，財務会計の講義をご担当いただき，資産除去債務という研究テーマを私に与えて頂いた。それが私の「研究」の出発点であった。現在先生とは，学会のスタディ・グループにおいて同席させて頂いており，筆者はその末席で与えられた課題に必死に取り組んでいる。今後も，微力ではあるが研究によって恩返しができればと考えている。また修士論文の副査をご担当頂いた大下勇二先生（法政大学教授）には，「論文とは何たるか」という単純ではあるが，今も十分に解明できない命題を，当時の筆者に，わかりやすくご説明いただいたことを，今も鮮明に記憶している。そして，主査の筒井知彦先生（法政大学教授）には，年末年始も論文のご指導いただき，本当に感謝申し上げる次第である。

　次に本書の原文となる博士論文の完成において貴重なご意見をいただいた専修大学商学部の先生方，とりわけ安藤英義先生，佐藤文雄先生，菱山淳先生，佐々木重人先生，奥西康宏先生，奥村紀夫先生，国田清志先生，植田敦紀先生に対し，本当に数々のご指導，助言などいただき感謝に堪えない。特に佐藤文雄先生，国田清志先生は副査をご担当いただき，細部にわたりさまざまなご指導をいただいた。未熟であるゆえ，さまざまご心配もおかけしたが，ここに本書が上梓できたことをもって，あらためて先生方に深謝申し上げたい。また経営学部の瓶子長幸先生，山崎秀彦先生，大柳康司先生をはじめ，博士後期課程の宮川宏氏にも本書に関連し，さまざまな観点からアドバイスをいただいたことは，本書の幅を広げた点において非常に有益であった。

そして明治大学の会計専門職大学院において，教育補助講師の職を勤めたことは本研究の幅を広げ，本書の完成に欠かせない出来事であった。まず働くきっかけをいただいた佐藤信彦先生（現熊本学園大学教授），また論文完成まで何度もくじけそうになった私を叱咤激励してくださった吉村孝司先生，秋坂朝則先生，田中建二先生，さらに日々財務会計に関する議論を交わした教育補助講師の小阪敬志先生（現日本大学法学部助教），宮島裕先生，板橋雄大先生（現東京経済大学専任講師）にも，この場をお借りてお礼申し上げる次第である。

　さらに学会活動を通じて，この研究の道筋をつけて頂いた先生方にも深く感謝申しあげる。特に日本社会関連会計学会においてご指導いただいた勝山進先生（日本大学教授），湯田雅夫先生（獨協大学教授），石崎忠司先生（松蔭大学教授）には，博士後期課程入学当初から学会発表やスタディ・グループを通じ，研究に関する助言をいただき，これが本書の礎となった。また和光大学の岩崎功先生も博士後期課程１年のころから長年に渡りお世話になり，大坪忠治先生からもたくさんの助言をいただいた。これら先生方から頂いたものが，少なからず本書の其処此処に反映できていれば幸いと，切に願う次第である。

　このように多くの方々にささえられた本書であるが，最後に，何よりもこの学究生活に入るという私の我儘を許し，ささえてくれた家族に最大の感謝をしたい。

　本書は平成25年度専修大学課程博士論文刊行助成を受けて刊行されたものである。

　　2014年2月

松　本　　　徹

目　次

はしがき …………………………………………………………………………ⅲ
序章　本書の目的と構成 ……………………………………………………… 1
第 1 章　非金融負債会計の変遷
　　　　―日本・米国・IASB の引当金会計― ………………………… 7
　はじめに …………………………………………………………………………7
　1　日本 …………………………………………………………………………7
　　1.1　企業会計原則注解18設定前―引当金と積立金・準備金―　7
　　1.2　企業会計原則注解18設定以後―引当金と偶発負債―　9
　　1.3　資産除去債務に関する会計基準-引当金処理と資産負債の両建処理―　12
　　1.4　引当金に関する論点の整理―引当金と非金融負債―　12
　2　米国 ………………………………………………………………………… 13
　　2.1　SFAS 第 5 号設定前　13
　　2.2　SFAS 第 5 号設定以後　16
　3　IASB ……………………………………………………………………… 18
　　3.1　IASC から IASB へ　18
　　3.2　IAS 第10号（1978）から IAS 第37号（1998）へ　19
　4　まとめ ……………………………………………………………………… 20
第 2 章　非金融負債の概要　―非金融負債と引当金の異同― ………… 25
　はじめに ……………………………………………………………………… 25
　1　国際的な負債に関するプロジェクトと我が国の動向 ……………… 25
　2　IASB ……………………………………………………………………… 27
　3　日本 ………………………………………………………………………… 31
　4　非金融負債と引当金の異同 …………………………………………… 32

ⅶ

  5 まとめ……………………………………………………………40
第3章 非金融負債会計と資産除去債務
   ―会計処理に関する一考察―……………………………43
はじめに……………………………………………………………………43
 1 資産除去債務の概要……………………………………………44
  1.1 定義および認識範囲 44
  1.2 会計処理 47
 2 FASBにおけるSFAS第143号導入の背景 ……………50
  2.1 米国における環境負債への取組 50
  2.2 SFAS第143号公表までの議論 53
  2.3 SFAS第143号公表後の経過 61
 3 IASBにおける資産除去債務に関連する基準 ……………63
  3.1 IAS第16号における取得原価概念の変容 64
  3.2 IAS第37号（1998）における引当金の概要 66
 4 認識範囲に関する企業会計基準委員会の見解とその特徴…………68
  4.1 認識範囲に関する企業会計基準委員会の見解 68
  4.2 認識範囲に関する国際比較 71
  4.3 認識範囲に関する企業会計基準委員会の見解の特徴 73
 5 会計処理に関する企業会計基準委員会の見解……………………75
  5.1 資産除去債務の全額を負債として計上する理由 75
  5.2 引当金との関係 77
  5.3 資産負債の両建処理を採用した理由 79
  5.4 引当金処理を不採用とした理由 80
  5.5 除去費用の資産計上と費用配分 82
 6 会計理論からの考察……………………………………………85
  6.1 負債・資産の定義および鍵概念 86
  6.2 負債と引当金の関係―引当金処理の検討― 88

  6.3 除去費用の資産性―資産負債の両建処理の検討― 91

  6.4 資産負債中心観と収益費用中心観 93

 7 会計処理の考察 …………………………………………………95

  7.1 2つの会計思考を用いた会計処理の考察 95

  7.2 会計理論との整合性に基づく会計処理 103

 8 資産除去債務の会計処理に関する試案 …………………108

  8.1 資産除去債務会計基準における引当金処理の容認規定 108

  8.2 資産除去債務の会計処理試案－非金融負債処理－ 110

 9 まとめ ……………………………………………………………112

第4章　非金融負債会計と蓋然性要件(1)
―蓋然性要件の現況とその変遷― …………………123

はじめに …………………………………………………………123

 1 日本 ……………………………………………………………123

 2 米国 ……………………………………………………………125

  2.1 SFAS第5号の蓋然性要件 125

  2.2 SFAS第5号とSFAS第143号の蓋然性要件の比較 130

 3 IASB …………………………………………………………131

  3.1 IAS第10号（1978）からIAS第37号（1998）へ 131

  3.2 IAS第37号（1998）の蓋然性要件の特徴 133

 4 環境負債と蓋然性要件 ………………………………………135

  4.1 環境負債認識の方向性 135

  4.2 環境負債の蓋然性要件に関する整合性分析 138

 5 まとめ …………………………………………………………141

第5章　非金融負債会計と蓋然性要件(2)
―蓋然性要件の削除に関する考察― ………………147

はじめに …………………………………………………………147

 1 蓋然性要件の方向性 …………………………………………147

2　蓋然性要件の取扱い ……………………………………………148
　　2.1　「現在の債務」と「将来の経済的便益の流出」　148
　　2.2　蓋然性要件の削除による認識の変化　152
　3　蓋然性要件の削除の評価点・問題点 ……………………………153
　　3.1　経営者の恣意性の排除　153
　　3.2　信頼性ある測定　156
　　3.3　待機債務　162
　4　IASBの蓋然性要件の削除理由の検討 …………………………170
　5　負債の認識範囲の拡大 ……………………………………………172
　6　非金融負債と非金融資産の対称性 ………………………………176
　7　まとめ ………………………………………………………………180

第6章　非金融負債会計の構築と課題
　　　　―わが国「引当金に関する論点の整理」の検討に際して― …185
はじめに ……………………………………………………………………185
1　「非金融負債」の本質を踏まえた議論 ……………………………185
2　会計観 ……………………………………………………………186
3　概念フレームワークとの整合性 …………………………………188
　　3.1　概念フレームワークの国際的動向　188
　　3.2　概念フレームワークとの整合性　189
4　蓋然性要件の削除の再検討 ………………………………………190
　　4.1　これまでの議論の総括　191
　　4.2　最終公表に向けて―さらにわが国の検討に際して―　192
5　まとめ ………………………………………………………………196

終章　本書の総括 …………………………………………………………199
付録　有形固定資産の取得後支出の会計処理に関する一考察 ………201
さくいん ……………………………………………………………………207

序章　本書の目的と構成

　本書の目的は，1998年9月に国際会計基準審議会(International Accounting Standards Board：以下「IASB」という）の前身である国際会計基準委員会（International Accounting Standards Committee，以下「IASC」という）から公表された，現行の引当金会計を規定する国際会計基準書第37号「引当金，偶発負債および偶発資産」(*International Accounting Standard No. 37 "Provisions, Contingent, Liabilities and Contingent Assets"*（以下，「IAS 第37号（1998）」という）について，2005年6月にその改訂案である IAS 第37号改訂案（以下，「IAS 第37号改訂案（2005）」という），いわゆる「非金融負債会計（non-financial-liability accounts)」の問題点を，蓋然性要件の取扱いを中心に取り上げ，それに対する考察や試案の検討を行うものである。

　まず IAS 第37号改訂案（2005）に先立ち基準化された，非金融負債のひとつである資産除去債務について検討を行った。その会計処理として「資産負債の両建処理」を採用したことから様々な問題点を抱えていることを指摘し，それを解消するためには，IAS 第37号（1998）の引当金の考え方を取り入れた引当金処理の採用再論（本書でいう非金融負債処理）が検討できることを示した。

　次に IAS 第37号改訂案（2005）において示された「蓋然性要件の削除」を再考することが必要である論拠を示した。「蓋然性要件の削除」は，すでに公表されている会計基準などとの矛盾を生じさせない点において必然

的であるが，測定の信頼性や待機債務の考え方を取り入れることなど様々な問題点を抱えている。それらを踏まえて蓋然性要件の削除の再検討に関する方向性を示した。

また環境負債の多くが非金融負債に含まれることなどから，今後の負債全体の認識範囲についての方向性を示したうえで，非金融負債の会計処理が今後どうあるべきかを論じた。

さらに個々の基準の問題点だけでなく「概念フレームワークとの整合性」の観点からも検討を行った。

現在の会計基準作成はピースミール方式により帰納法的に個々の会計基準が作成されており，そののち，中長期に概念フレームワークの作成が徐々に行われる見込みである。我が国の場合，2004年に開始されたIASBおよび米国の財務会計基準審議会（Financial Accounting Standards Board：以下「FASB」という）の概念フレームワーク共同プロジェクト[1]（Financial Accounting Standards Board and International Accounting Standards Board. *Conceptual Framework*：以下，「IASB・FASB概念フレームワーク共同プロジェクト」という）の進行を待つことになるため，なおさらである。

そこで我が国においても，IASB・FASB概念フレームワーク共同プロジェクトと並行して，企業会計原則を含む概念フレームワークの再構築として財務諸表の構成要素など重要な項目について早急に審議されることの必要性に触れた。

最後に，今後我が国で検討される2009年9月に企業会計基準委員会[2]（Accounting Standards Board of Japan：ASBJ）により公表された「引当金に関する論点の整理」において，非金融負債会計に必要な議論は何かを示し，蓋然性要件の削除の再検討について総括を行った。

本書の構成は，以下のとおりである。

まずは第1章において日本，米国，IASBそれぞれの非金融負債会計の変遷を辿る。

次に第2章においてIAS第37号（1998）およびIAS第37号改訂案（2005）の比較などにより，「非金融負債」とは何かを，従来の「引当金」との異同を示すことにより明らかにする。

　そののち第3章において，引当金から非金融負債への大きな転換点となった資産除去債務に関する会計基準に関して，日本および米国における導入に至る経緯，導入時の議論，導入後の問題点などを明らかにし，会計処理に関する考察を行う。

　さらに第4章・第5章において現在検討されている「非金融負債会計」（IAS第37号改訂案（2005）など）における「蓋然性要件の削除」を中心に考察を行う。

　第4章においては，日本，米国，IASBそれぞれの非金融負債会計における蓋然性要件の変遷を辿る。特にそれぞれの現在における蓋然性要件の象徴である，企業会計原則，SFAS第5号（1975），IAS第37号（1998）について考察を行い，最後に比較を行う。

　さらに環境負債の観点からも，関連する環境会計の変遷について取り上げ，認識に蓋然性要件が含まれるものとそうでないものが混在している現況を浮き彫りにする。

　引き続き第5章において「蓋然性要件の削除」について深く考察を加える。

　まずは，IAS第37号改訂案（2005）の引当金の認識要件において「蓋然性要件の削除」が示され，それと歩調を合わすようにIASB・FASB概念フレームワーク共同プロジェクトにおいて，負債の定義として「現在の債務」を重視する方向性であることを指摘した。

　そののち，「蓋然性要件の削除」による認識の変化が，「経営者の恣意性の排除」「信頼ある測定」にどのような影響を与えたのかを検討する。さらに蓋然性要件の削除と合わせて提案された「待機債務」という考え方が，どのような矛盾点を抱え，議論の中で変容していったかを観察する。

また蓋然性要件の削除に派生して起こる「負債の認識範囲の拡大」および「非金融負債と非金融資産の対称性」の論点も取り上げ，それらを今後の方向性も踏まえ検討を行う。

　最後に第6章において非金融負債会計の構築と課題として，我が国の「引当金に関する論点の整理」においては，非金融負債の本質を踏まえた議論が必要であり，どのような会計観に基づき基準を作成していくべきか，また「概念フレームワークとの整合性」の観点からも提案を行う。

　まとめとして「蓋然性要件の削除」の再検討の必要性を示し，それが今後の会計基準等の策定にどのような方向性を示すものなのか論じる。

注記

1) IASB・FASB概念フレームワーク共同プロジェクトの目的は，原則主義で内的に整合し国際的にコンバージェンスされた将来の会計基準の健全な基礎を作り上げることである。新しいフレームワークは，IASBとFASBのフレームワークを基礎に作成されている。このプロジェクトは，大きく8つのフェーズに分かれている。主に本書に関連するプロジェクトは，フェーズAの「財務報告の目的と特徴」，フェーズBの「構成要素および認識」およびフェーズCの「測定」である。2012年9月末までの進行状況は，フェーズAの「財務報告の目的と特徴」およびフェーズDの「報告事業体の概念」について改訂を終え，IASB・FASBそれぞれが現行フレームワークとの差し替えを行っている。なおその他のフェーズについては，2013年7月に「財務報告に関する概念フレームワーク」の見直しを公表し，2014年1月までを期限とするコメントを求めている。

2) 企業会計基準委員会は，2001年7月26日に財団法人財務会計基準機構において国際的な会計基準との収斂を含めた会計基準の審議・設定等を行う常設の民間団体として設置された。また2003年の「企業結合に係る会計基準」以前は，政府（金融庁）の設置機関である企業会計審議会が，会計基準の設定の役割を担っていた。

参考文献

Financial Accounting Standards Board (2005) *Conceptual Framework : Joint Project of the IASB and FASB*, Project Updates, Last Revisions : September 26, 2005.

International Accounting Standards Committee (1998), *Provisions, Contingent, Liabilities and Contingent Assets. International Accounting Standard No. 37*.

International Accounting Standards Board (2005) *Amendments to IAS No. 37, Provisions, Contingent Liabilities and Contingent Assets and IAS No. 19 Employee Benefits*. Exposure Draft of Proposed, IASCF.

企業会計基準委員会(2009)「引当金に関する論点の整理」財務会計基準機構

第1章　非金融負債会計の変遷
―日本・米国・IASB の引当金会計―

はじめに

本章では，日本，米国，IASB（または IASC）における非金融負債会計の変遷として，それぞれの引当金会計の変遷を辿ることにする。

1　日本

最初に，わが国の引当金会計の変遷を4つの時期に区分して，それぞれの時代に引当金と対峙された項目およびそれぞれの時期の引当金を巡る議論を紹介する。

1.1　企業会計原則注解18設定前―引当金と積立金・準備金―

わが国の引当金概念の形成は，明治後期に，当時「積立金」の名のもと，現在でいう引当金・積立金・準備金などが混同されていたことから「損失の塡補を示す積立金」と「留保利益を示す積立金」に区分することが提唱されたことによる。つまり費用性の引当金と利益留保の積立金・準備金に区分しようとしたことが引当金概念の始まりである。

その後大正に入り「引当金」という用語が文献において初めて用いられ，それまで引当金と区別なく用いられてきた積立金と準備金との異同が活発に論じられるようになった。具体的には，1910年（明治43年）に吉田良三

が『會計學』の中で提唱したものであり，その後1922年（大正11年）に太田哲三が『会計学綱要』の中で「引当金」という用語を初めて用い，積立金と準備金の区別を力説したことを指す[1]。

また実際に「引当金」という用語で公表されるきっかけとなったのは，1927年（昭和2年）の金融恐慌に際し，財務諸表制度化の流れにより，商工省産業合理局の諮問機関である財務管理委員会によって1930年（昭和5年）商工省臨時産業合理局による会計草案が作成されたことである。この会計草案の(5)は，引当金について「引当勘定には，前記積立金と本質を異とし，主として損失に課して留保せらるるものなり。此種の項目に対しては従来準備金なる語が用ひられしも，利益留保の積立金と同視さるる惧あるを以って，かく別種の名称を用ひたり」と規定している。また積立金および準備金については「純益留保の項目は従来準備金，積立金等の名称が混用せらるる所なるも純益留保の旨を明確ならしむる必要上ここは名称を積立金と統一せり」と規定している。つまり，主として損失から生じる引当金と利益留保の積立金・準備金との区別を明確にし，積立金と準備金については積立金に統一することが提案されている。

この会計草案を基に公表されたものが，1934年（昭和9年）の商工省「財務諸表準則」である。財務諸表準則〔貸借対照表原則 第12 引当勘定〕83は，引当金について「引当勘定は特定の損失に対する準備にして，其の金額が当該会計年度に属し，その金額が見積りに依って定められたるものを示す。利益の留保，寄附金の受納等に依りて特殊の基金または資金を設けたるときは，引当勘定に準じて之を処理すべし」と規定している。

同84では引当勘定を「(イ)特定せる資産の減価」「(ロ)特定の損費」「(ハ)特殊の危険に因る損害」の3つに区分している。この財務諸表準則の特徴として，引当金の3つの性質（特定の損失に対する準備，その負担が当期に属し，その金額が見積による）を明確にしたこと，さらに同84により引当金をその損失の生じた性質別に現在の分類に近い「評価性引当金」「負

債性引当金」「特定引当金」に区分したことが挙げられる[2]。

また同〔貸借対照表原則　第 1　総説〕6 により，負債は長期負債，短期負債，引当勘定，雑勘定の 4 つに区分され，引当勘定は独立した負債の中のひとつの項目を構成している。

その後引当金は大きな変化を見せなかった1940年（昭和15年）の陸軍省準則，1941年（昭和16年）の企画院準則草案を経て，第 2 次世界大戦後の1949年（昭和24年）に経済安定本部に設置された企業会計制度対策調査会から中間報告として「企業会計原則」および「財務諸表準則」が公表された。そして中間報告に修正を加えたものが，1954年（昭和29年）の「企業会計原則」である。

このように，第 2 次世界大戦後の企業会計原則設定まで，引当金は積立金や準備金などと対峙され，負債と資本の区分を論点とする議論がなされた。それは，会計主体論として企業実体説と資本主説，つまり会計上の期間費用と利益処分の相違に関する議論であり，それに派生する利益平準化効果の有無，また税法上の損金算入の有無などが論点であった。

1.2　企業会計原則注解18設定以後─引当金と偶発負債─

1949年（昭和24年）に企業会計制度対策調査会により報告された「企業会計原則」（中間報告）は，1954年（昭和29年）に公表された。

その貸借対照表原則三（一）において引当金は以下のように示されている。

　A．受取手形および売掛金に対する貸倒引当金は，それぞれ受取手形および売掛金から控除する形式で，これを記載する。
　B．有形固定資産に対する減価償却は，一定の償却方法によって耐用期間の全期間に亘って行ない，減価償却額は，減価償却引当金としてその累計額を固定資産の取得原価から控除する形式で記載する。

これは貸借対照表の貸方の側から引当金を分類しているにすぎず,その性格についての明確な規定がない。これは公表に先立ち連合国軍最高司令官より公表された「工業会社及ビ商事会社ノ財務諸表作成ニ関スル指示書」を踏襲したためであると考えられる[3]。

この指示書は,米国の会計原則書(Thomas H Sanders, Henry R. Hatfield and U. Moore, *A Statement of Accounting Principles*, AIA, 1938:以下,「SHM会計原則[4]」という)の影響を受けている[5]。

「企業会計原則」はその後,1963年(昭和38年),1974年(昭和49年),そして1982年(昭和57年)に改訂を重ねて,現在に至る。

その改訂の変遷を辿れば,まず1963年(昭和38年)の改訂は,前年の商法改正に伴い,いわゆる商法第287条の2の引当金が設定されたことによる。

　　第287条ノ2　特定ノ支出又ハ損失ニ備フル為ニ引当金ヲ貸借対照表ノ負債ノ部ニ計上スルトキハ其ノ目的ヲ貸借対照表ニ於テ明カニスルコトヲ要ス

この改訂により,引当金は見越計上され借方科目として費用が計上されたのち,評価性引当金と負債性引当金に区分されることになり,そのうち評価性引当金には減価償却引当金や貸倒引当金など商法上の引当金ではないものが該当する。

一方負債性引当金は債務たる引当金と債務でない引当金(例えば,修繕引当金,役員退職慰労引当金,商法第287条の2の引当金など)に区分される。この債務でない引当金は,広義説を採れば,利益留保性引当金を含むため大きな問題となった。例えば太田(1961)は,商法第287条の2の引当金の規定による引当金概念の混乱を懸念し,評価性引当金を「控除金」,負債性引当金を「未払金」または「留保金」,商法第287条の2の引当金を

「引当金」と区分することなどを提案している。

　この後1974年（昭和49年）には，評価性引当金が再び企業会計原則注解17に補足され，注解18には負債性引当金について今日の企業会計原則注解18に近いものが示されたが，商法第287条の2の引当金はそのままであった。

　大きな変化をみせたのは，1982年（昭和57年）の改訂である。この改訂が，現在の企業会計原則として継続しているものであり，この改訂により商法第287条の2の引当金から利益留保性引当金は除外され，減価償却引当金も減価償却累計額として引当金から除外されたことが大きな特徴である。

　ここまで企業会計原則の改訂を中心に見てきたが，その他にこの期間の引当金を巡る論点として，収益費用中心観に立脚する引当金の計上根拠を巡る議論および引当金と偶発負債の対峙がなされたことが挙げられよう。

　すなわち，発生主義では説明できない引当金の計上根拠を，まず費用収益対応の原則に求めた[6]。未消費ないし未発生の費用であるがそのうち当期の収益に対応するものについては当期に費用として計上するという考え方である。しかしそれでも，未発生の費用まで引当金に含めることに異論が残り，新たに費用発生原因主義という，発生原因を事実の発生から原因の発生と考える，発生主義の拡大解釈に答えを求めることとなった。現在の引当金会計が容認されている理論の後ろ盾はこの考え方によるものである[7]。その結果，引当金と偶発負債の区分が議論されることとなり，蓋然性要件という事象の発生確率によりどころを求め，関連する取引事象を計上・否計上・注記による開示に分類したのである。

　いずれにせよ，この時期までの引当金は収益費用中心観のもと考えられているため，引当金の本質を一義的に決めるものは借方項目の費用であり，測定方法の曖昧さもあり，経営者の判断に委ねられるところが多かった。

1.3 資産除去債務に関する会計基準―引当金処理と資産負債の両建処理―

2008年3月に企業会計基準委員会より公表された「資産除去債務に関する会計基準」（以下，「資産除去債務会計基準」という）は，わが国で初めての環境負債を個別に規定した会計基準である。

この基準は，FASBが2001年6月に公表した財務会計基準書第143号「資産除去債務の会計処理」（Statement of Financial Accounting Standards No. 143 "Accounting for Asset Retirement Obligations"：以下「SFAS第143号」という）をモデルとして作成された。その資産除去債務会計基準が示した会計処理において，同様の取引事象として，従来から用いられた引当金処理に代わり，資産負債の両建処理が採用された。このことは資産負債中心観に立脚した会計基準の一連の潮流，すなわち貸方科目の負債性を重視するものと捉えられるだけでなく，「従来の引当金」の枠組みを解体し，非金融負債への変容を促す大きな転換点となった。この資産除去債務の会計処理に関する問題，すなわち資産負債の両建処理と引当金処理の対峙に関しては，非金融負債の問題点のひとつとして詳細に第3章で取り上げることにする。

1.4 引当金に関する論点の整理―引当金と非金融負債―

2005年6月に公表されたIAS第37号改訂案（2005）において，企業会計原則設定後に対峙してきた引当金と偶発負債の区分は解消され，引当金は新たな局面を迎えることとなる。つまり，「従来の引当金」は「非金融負債」に代わり，整理された上で包含されることになる。このIAS第37号改訂案（2005）が示す，「非金融負債」と「従来の引当金」の対峙については，第2章で取り上げる。

またわが国でも，IAS第37号改訂案（2005）の最終的な基準の公表を受けて，2009年9月に企業会計基準委員会より公表された「引当金に関する論点の整理」の審議が再開される見込みである。この審議に関する様々な

図表1-1　日本の引当金会計の変遷

企業会計原則設定前（明治後期～昭和29年）	
引当金⇔積立金・準備金	負債と資本の区分：借方重視（費用性）

⇩

企業会計原則設定後（昭和29年（1954年）～）	
引当金⇔偶発負債	引当金の計上根拠：借方重視（費用性）

⇩

資産除去債務に関する会計基準（2008年3月公表）	
引当金処理⇔資産負債の両建処理	会計処理法：貸方重視（負債性）

⇩

引当金に関する論点の整理（2009年9月公表）	
引当金⇔非金融負債	蓋然性要件：貸方重視（負債性）

（筆者作成，図表中の上段は引当金を区分した4つの時期を指し，下段は，その時期に引当金（処理）と対峙された項目（左），引当金に関する主な議論（右），引当金計上に際し重視される要素（右カッコ）を指す）

考察は，第4章以降において行う。

ここまでの流れをまとめたものが図表1-1である。

2　米国

本節では，米国の引当金会計の変遷を，その象徴とされるSFAS第5号「偶発事象の会計」（Statement of Financial Accounting Standards No. 5, *Accounting for Contingency*：以下「SFAS第5号」という）の設定前と設定以後に区分して紹介する。

2.1　SFAS第5号設定前

米国は，日本やIASBと異なり引当金に関する個別の会計基準を持たない。そのため引当金は負債のひとつとして論じられている。その引当金(負債)について，偶発負債に関連する記載は，20世紀初めに見られ，引当金

（負債）との相違に関する議論がなされたとされる8)。またその後 SHM 会計原則において偶発負債の処理に関して「係争中の訴訟または各種の保証に関連した偶発負債は，括弧による付記または脚注表示が一般の注意を喚起する上で優れた処理である9)」としている。

1940年代以降，1975年の SFAS 第5号設定前までの米国の引当金を表す用語として，次の4つが用いられていた10)。

まず reserve は，1960年代に入るまでは，最も使用された。

日本の第2次世界大戦後の企業会計原則設定前と同様に，評価性引当金・負債性引当金・積立金などが，すべて reserve として用いられている。染谷恭次郎訳（1973）のコーラー会計学辞典第4版（1970）によれば，reserve は「準備金」と訳されており，具体的には，偶発損失準備金（reserve for contingencies），貸倒準備金（reserve for bad debts），減価償却準備金（reserve for (accumulated) depreciation），見越負債（accrued liability）などが例示されている。当時の米国では，この reserve として用いられていたもののうち，積立金を除く大部分が「負債と資本の中間11)」に記載されていた。

次に provision は，他とは異なり米国ではほとんど使用されていない。

前掲の染谷（1973）によれば「減価償却累計額のような評価勘定（such as a reserve or accumulation of depreciation）」に用いられるとされる。しかし，当時行われた実際の使用状況の調査では allowance や reserve が用いられていた12)。

また allowance という用語は，特定の引当金に用いられた。

前掲の染谷（1973）によれば「資産価値の喪失または下落に対する引当額またはその累計額（a provision or an accumulation of provisions for the loss or decline in worth of an asset）」とあり，具体的な例示として貸倒引当金や減価償却引当金（an allowance for bad debts or for depreciation）が用いられている。貸倒引当金には現在も使用されているが，減価償却累

計額については現在ほとんど accumulated depreciation が用いられている[13]。

このように1960年に入るまで reserve が多用され，それには会計上の意味が存在しているとはいえず，借方科目として費用計上された相手科目として用いられた。しかし，1953年の AIA[14] の勧告により現在の負債性引当金が estimated liability に，そして評価性引当金が allowance や accumulated depreciation との区別が行われるようになり，徐々に実態に即した分類が行われるようになった[15]。それが示すように，コーラー会計学辞典第4版（1970）には，estimated liability は見当たらない。

以上をまとめたものが，図表1-2である。

ここまで米国の SFAS 第5号設定前までの非金融負債会計の変遷を，実体を象徴する引当金を表す用語を用いて紹介してきた。この時代米国の会

図表1-2　米国における引当金に関する用語（1940年代以降）

用語	主な意味
reserve	・1960年代に入るまでは最も使用された。 ・用語の意味としては①評価性引当金②負債性引当金③積立金など ・具体的には様々な準備金や見越負債などに用いられた。 ・貸借対照表の表示は，③を除き「負債と資本の中間」に置かれた。
provision	・米国ではほとんど使用されていない。 ・「減価償却累計額のような評価勘定に用いられる」（『コーラー会計学辞典』1970年）
allowance	・「貸倒引当金」について1960年代以降，現在も用いられている。 ・「資産価値の下落などに対する引当額やその累計額」（『コーラー会計学辞典』1970年） ・「減価償却累計額」については，allowance や reserve に代わり1960年頃から accumulated depreciation が使用された。
estimated liability	・現在引当金として最も用いられている。 ・reserve が様々な意味で用いられていたことから，1953年 AIA から，負債として認識計上されるべき reserve は，estimated liability（見積負債）として記載すべきことが勧告された。

（出所：徳賀（2003, pp. 31-35）を参考に，筆者が作成）

計が少なからずわが国の会計に影響を及ぼしてきたことを考えれば，負債と資本の区分（引当金と積立金など）や引当金の分類（評価性引当金・負債性引当金・積立金）など同様の議論がわが国においても行われていたことは当然であろう。こののちも，ヨーロッパを主導とする IASB の台頭までは，わが国は会計の歴史において米国の会計に最も大きく影響されたといえる。

2.2　SFAS 第5号設定以後

つづいて，SFAS 第5号設定の背景および設定以後の流れについて見ていく。また関連しあう IASB（または IASC）およびわが国の引当金会計基準化の流れも合わせて見ていく[16]。

この時期，引当金と偶発負債の問題は，引当金が会計上の保守主義によるものであり，期間損益計算思考に基づく費用収益対応の原則で説明され，借方費用または損失の相手科目としての貸方項目として認識され，さらに偶発負債は会計上認識されることなく注記されることで解決されたと考えられていた。しかし，1958年会計研究公報（Accounting Research Bulletin：以下「ARB」という）として公表された ARB 第50号「偶発事象」（Contingencies），さらに SFAS 第5号「偶発事象の会計」により，再び偶発事象会計がクローズアップされることとなった。

その時代背景として，企業を取り巻く経済環境の変化により企業の継続性が否定されるという状況が生じる可能性が増大し，これまで注記事項として処理されるにとどまってきた偶発事象の重要性が認識され，再検討されることになったのである。SFAS 第5号は，IAS 第37号（1998）とともに蓋然性要件を考察する重要な会計基準であるため，その詳細や比較については，第4章で取り上げる。

この SFAS 第5号の公表の影響の下，IASC の旧[17] IAS 第10号（1978）「偶発事象および後発事象（*Contingencies and Events Occurring After the Bal-*

ance Sheet Date)」やわが国の企業会計原則注解18の引当金規定の改訂が行われた。米国では，SFAS 第5号の公表後，その内容についての解釈指針が示され環境問題やリストラなどの新しい社会・経済環境に対応してEITF（Emerging Issues Task Force：緊急問題諮問委員会）や具体的指針を示す等により，実務上の混乱を招かないように対応がなされてきた。

これに対して，IASC は英国の ASB（Accounting Standards Board）とともに，同様の問題や変化に対応するために，既存の基準の解釈指針などを示すことではなく，新しい基準をつくることを目指した。これが，本書で取りあげている IAS 第37号（1998）および IAS 第37号改訂案（2005）なのである。

つまり，会計基準としてみれば，米国の SFAS 第5号（1975）に FIN や EITF を加えたものが，IASC の IAS 第37号（1998）や IASB の IAS 第37号改訂案（2005）になるはずである。しかし両者は根本的に会計観が異なることから違いが生じている。すなわち，この会計基準化された時期の差に，収益費用中心観から資産負債中心観へと会計思考が移っていったのである。これをわが国に当てはめてみても，企業会計原則注解18の会計観は米国の SFAS 第5号（1975）と同様であり，IASB（または IASC）とは異なるのである。本節の一連の流れから，新しい会計基準を作成する動きは1990年後半以降 IASC および IASB において活発である。一度作成した基準に綻びが出れば，また新しい基準を作成することで対応するのである。

それに対し，米国やわが国は，基準（わが国の場合，企業会計原則）を作りかえることには消極的であることが伺える。しかし両国は，新しい領域ともいえる「資産除去債務」で非金融負債領域の会計基準を作成した。これを持って非金融負債に関する思考を表していると考えるのが自然であろう。

本節の流れを示したものが,図表1-3「米国の偶発事象会計および IASB（IASC）・日本の引当金会計基準化の変遷」である。

3 IASB

引き続き，本節では，IASC から IASB への組織改編，およびそれに伴い引当金会計の基準が IAS 第10号（1978）から IAS 第37号（1998）へと変わる流れを見ていく。

3.1 IASC から IASB へ

黒川保美（1994）によれば，1973年に設立された IASC は英国のロンドンにおいて，英国の職業会計士団体がイニチアチブをとり日本や米国を含むオーストラリア，カナダ，フランス，ドイツ，メキシコ，オランダの職業会計人により設立され，IAS の作成などを主に担っていた。当時 IASCの会員となるのは，各国の職業会計士団体であった。会計士団体が構成員である以上，会計基準を設定するのは，プライベート・セクターである。つまり，会計基準の設定に関して公的機関から権限を委任されているわけであり，加盟各国内の規定に IAS がとって代わることを意図するものではなかったという[18]。

その後2001年，IASC が設立した国際会計基準委員会財団(IASC Foundation）により IASC の組織を改組する形で IASB が，独立した非営利の民間基準設定機関として誕生した。

IASC が作成した基準書は国際会計基準書（IAS）と呼ばれるのに対し，2001年4月に改組・改称された IASB が作成した基準書は，国際財務報告基準書（International Financial Reporting Standard）であり，IFRS と呼ばれる。これら IAS と IFRS という2つの基準書を総称したものが，国際財務報告基準(International Financial Reporting Standards)であり，IFRSsと呼ばれる。

次節では，IAS 第37号（1998）までの非金融負債会計の変遷を概説する。

図表1-3　米国の偶発事象会計およびIASB（IASC）・日本の引当金会計基準化の変遷

年	（左）米国　　会計基準等　　（右）＜IASC・IASB・日本＞
1958年	ARB 第50号「偶発事象」
1975年	SFAS 第5号「偶発事象の会計」SFAS 第11号「偶発事象の会計－経過措置」
1976年	FIN 第14号「損失額の合理的な見積り」
1978年	＜IASC：旧IAS 第10号「偶発事象および後発事象」＞
1981年	FIN 第34号「他人への負債の間接保証の開示」
1982年	＜日本：現行の企業会計原則注解18の引当金規定へ改訂＞
1993年	EITF 第93号5「環境負債の会計処理」
1994年	EITF 第94号3「従業員の年金給付および事業の廃止に伴う他のコスト」
1996年	ED「長期資産の閉鎖または除去の会計」 ＜IASC：DSOP「引当金および偶発事象」＞
1997年	＜IASC：ED 第59号「引当金，偶発負債および偶発資産」＞
1998年	＜IASC：IAS 第37号（1998）＞
2001年	SFAS 第143号「資産除去債務の会計処理」
2005年	＜IASB：IAS 第37号改訂案（2005）＞
2008年	＜日本：「資産除去債務に関する会計基準」＞

（出所：山下（2002, p.3）を参考に，筆者が作成）
FIN：FASB Interpretation（FASB 解釈指針）
EITF：Emerging Issues Task Force（緊急問題諮問委員会）
ED：Exposure Draft（公開草案）
DSOP：Draft Statement of Principles（原則書案）

なお，引き続き図表1-3を参照いただきたい。

3.2　IAS 第10号（1978）からIAS 第37号（1998）へ

　IASCより公表された(旧)IAS 第10号「偶発事象および後発事象」は，1978年の公表後，1994年リフォーマットされ，1995年にIAS 第37号（1998）で差し替えられなかった部分を1999年に差し替え，（新）IAS 第10号「後発事象」として新たに公表された。その後もIASBによって2003年に表題を「後発事象」（Events after the Balance Sheet Date），さらには2007年に

IAS第1号「財務諸表の表示」（Presentation of Financial Statements）により行われた用語の変更の結果,「後発事象」（Events after the Reporting Period）と二度の変更を経て現在に至る。

　一見，非金融負債会計に関しては，IAS第37号（1998）以降，公表された基準はなく，資産除去債務に関する会計基準をすでに公表した米国や日本に遅れをとった観がある。しかし，それらは非金融負債の先駆けとして，様々な問題点を提起しており，それを踏まえて検討されるIAS第37号改訂案（2005）が，最初の公開草案から7年経過し未だ結論（最終公表）を得ていないことからも，一連の議論が非金融負債会計の総括に思える。

　それらを検討することで，わが国の将来の非金融負債会計も見えてくるのである。

4　まとめ

　本章では，日本・米国・IASB（またはIASC）における非金融負債会計の変遷を確認した。

　本章から読み取れることは，まずこれまでのわが国は米国の影響を大きく受けているということである。たとえば1954年（昭和29年）に公表された最初の企業会計原則は，米国のSHM会計原則の影響を受けている。明治以降それまでわが国の引当金会計は，引当金の性質をより具体的に示そうと，積立金や準備金など利益留保引当金との区別や評価性引当金・負債引当金・特定引当金などに分類するなどおこなってきた。しかし最初の企業会計原則では，貸倒引当金・減価償却引当金など具体的科目を用いて貸方科目を分類したにすぎないものとなった。これは，SHM会計原則が同様の手法を採っていたからに他ならない。またわが国における現在の引当金の認識要件を示す企業会計原則注解18が新設された1982年（昭和57年）における企業会計原則の改訂においても少なからず米国のSFAS第5号の

図表1-4　日本・米国・IASB（IASC）における非金融負債に関する基準等

	負債	引当金	資産除去債務
日本	討議資料「財務会計の概念フレームワーク」（2003）	企業会計原則注解18（1982）	企業会計基準第18号「資産除去債務に関する会計基準」（2008）
米国	SFAC第6号「財務諸表の構成要素」（1985）	－（個別規定なし，負債に準ずる） SFAS第5号「偶発事象の会計」（1975）	SFAS第143号「資産除去債務の会計処理」（2001）
IASB (IASC)	「財務報告に関する概念フレームワーク」（1989）	IAS第37号（1998）IAS第37号改訂案（2005）など※	－（個別規定なし，IAS第37号に準ずる）
備考	IASB・FASBは，2004年に概念フレームワーク共同プロジェクトを立ち上げ，2008年に一部の公開草案を公表している。	企業会計原則は，引当金の認識要件を定めている。 IAS第37号（1998）は，定義および認識要件を定めている。	資産除去債務は，非金融負債に該当する。そのためIAS第37号改訂案（2005）の検討に大きく影響する。

（筆者作成）
※ IAS第37号改訂案（2005）などは，引当金会計や資産除去債務などを非金融負債として一つの会計基準にまとめようとするもので，認識および測定に関する規定を兼ね備えている。

影響を受けている。さらに第3章で取りあげるわが国の資産除去債務に関する会計基準は，まさに米国のSFAS第143号をモデルに作成されているのである。

今後，わが国は非金融負債会計について，さらにIASBのIAS第37号改訂案（2005）やIASB・FASB概念フレームワーク共同プロジェクトの再構築（2004年開始）などを意識して作成することになる。本章を確認することで，国際的な会計基準との整合性を保ち自国の会計基準を策定することは，過去においても脈々と行われてきたことであり，将来においてもわが国の会計の課題となっていることが浮き彫りとなった。

なお次章以降に論じる，非金融負債に関連する用語（負債・引当金・資産除去債務）に関する基準等が，日本・米国・IASB（IASC）においてど

のような現況であるかを図表1-4でまとめた。

注記
1) 熊谷（1993, pp. 102-106）
2) 山下（2000, p. 133）
3) 同上（2000, pp. 140-143）
4) このSHM会計原則は，当時の文献，判例および会社報告書等から会計慣行を整理したもので，一般原則，損益計算書原則，貸借対照表原則，連結財務諸表原則の4部から成り立っており，一般原則は，資本と利益との区分の原則，保守主義，財務諸表の形式と用語を取り上げている。
5) 山下（2000, pp. 140-143）
6) 費用収益対応の原則は，中村（1982, p. 119）などにより主張された。
7) 費用発生原因主義は，黒澤（1976, p. 142）などにより主張された。
8) 山下（2002, pp. 62-65）を参照されたい。
9) 同上（2002, p. 82）
10) 徳賀（2003, pp. 31-35）
11) その性格から"no-man's land"や"twilight zone"と呼ばれた。
12) 徳賀（2003, pp. 31-35）
13) 同上（2003, pp. 31-35）
14) AIAは，American Institute Accountantsの略称であり，現在の米国公認会計士協会の前身，米国会計士協会を指す。
15) 徳賀（2003, pp. 31-35）
16) 以下の2.2節の説明は，山下（2002, pp. 1-2）に基づいている。
17)『旧』は，1999年公表の『新』IAS第10号「後発事象」との違いを指す。
18) 黒川（1994, pp. 17-18）

参考文献

American Institute of Accounts, Committee of Accounting Procedure（1958）*Contingencies. Accounting Research Bulletin No. 50*.

American Institute of Certified Public Accountants Accounting Principles Board（1970）*Basic Concepts and Accounting Principles Underlying Financial Statements of Business Enterprises. Statement of Accounting Principles Board No. 4*.（川口順一訳（1973）『アメリカ公認会計士協会企業会計原則』同文館）

Eric L. Kohler（1970）*A Dictionary for Accountants, 4th edition*.（染谷恭次郎訳（1973）『コーラー会計学辞典』丸善）

第 1 章　非金融負債会計の変遷　23

Financial Accounting Standards Board (1975a) *Accounting for Contingencies*. Statement of Financial Accounting Standards No. 5, FASB.

Financial Accounting Standards Board (1975b) *Accounting for Contingencies : Transition Method-An Amendment of FASB Statement No. 5. Statement of Financial Accounting Standards No. 11*, FASB.

Financial Accounting Standards Board (1976) *Reasonable Estimation of the Amount of Loss*, FASB Interpretation No. 14, FASB.

Financial Accounting Standards Board (1981) *Disclosure of Indirect Guarantees of Indebtedness of Others-An Interpretation of FASB Statement No. 5 FASB Interpretation No. 34*, FASB.

Financial Accounting Standards Board (1985) *Elements of Financial Statements, Statement* of Financial Accounting Concepts No. 6, FASB.

Financial Accounting Standards Board (1993) *Accounting for Environmental Liabilities Status. Emerging Issues Task Force 93-5*, FASB.

Financial Accounting Standards Board (1994) *Liability Recognition for Certain Employee Termination Benefits and Other Costs to Exit an Activity (including Certain Costs Incurred in a Restructuring). Emerging Issues Task Force 94-3*. FASB

Financial Accounting Standards Board (2001) *Accounting for Asset Retirement Obligations*. Statements of Financial Accounting Standards No. 143, FASB.

International Accounting Standards Board (2005) *Amendments to IAS No. 37, Provisions, Contingent Liabilities and Contingent Assets and IAS No. 19 Employee Benefits*. Exposure Draft of Proposed, IASCF.

International Accounting Standards Committee (1978) *Contingencies and Events Occurring After the Balance Sheet Date, International Accounting Standard No. 10*.

International Accounting Standards Committee (1998), *Provisions, Contingent, Liabilities and Contingent Assets*. International Accounting Standard No. 37.

Sanders, T. H., Hatfieldm H. R., and Moore, U. (1938) *A Statement of Accounting Principles*, American Institue of Accounts.

内川菊義 (1998)『引当金会計の基礎理論』森山書店
遠藤孝 (1998)『引当金会計制度の展開―日本引当金会計制度の研究』森山書店
太田哲三 (1922)『会計学綱要』巌松堂
太田哲三 (1961)「引当金勘定について」『企業会計』第13巻第12号, pp. 1506-1510.
熊谷重勝 (1993)『引当金会計の史的展開』同文館
黒川保美 (1994)『総解説・国際会計基準：企業会計が変わる』日本経済新聞社
黒澤清 (1976)『財務諸表論　改訂版』中央経済社
徳賀芳弘 (2003)「引当金の認識と評価に関する一考察」『IMES Discussion Paper』No. 2003-J-17, 日本銀行金融研究所

中村忠（1982）『新訂　現代会計学』白桃書房

平井克彦（1995）『新版　引当金会計論』白桃書房

松本徹（2012）「非金融負債会計の国際的な動向と我が国の対応」『會計』第182巻第4号, pp. 574-586.

山下壽文（2000）『偶発事象会計の国際的調和化―米国基準・IAS・日本基準の比較』同文館

山下壽文（2002）『偶発事象会計論』白桃書房

吉田良三（1910）『會計學』同文館

企業会計基準委員会（2006）討議資料「財務会計の概念フレームワーク」財務会計基準機構

企業会計基準委員会（2008）企業会計基準第18号「資産除去債務に関する会計基準」財務会計基準機構

企業会計基準委員会（2009）「引当金に関する論点の整理」財務会計基準機構

第2章　非金融負債の概要
　　　―非金融負債と引当金の異同―

はじめに

　非金融負債は，引当金と同意に用いられることが多い。それは，従来の引当金の多くが非金融負債に移行するためである。しかし，例えばIASBにおいて引当金を規定する現行のIAS第37号（1998）および方向性を示すIAS第37号改訂案（2005），また現在わが国における企業会計原則注解18および引当金に関する論点の整理に規定される引当金など，それらは果たして同意といえるであろうか。相違する点があれば，それが何で，いかなる理由からその差異が生じているのであろうか。

　本章では，「非金融負債とは何か」に焦点を当て，その中で従来の引当金との異同を明らかにする。

1　国際的な負債に関するプロジェクトとわが国の動向

　本節の流れを示した図表2-1に沿って動向を概説する。

　非金融負債に関する国際的な会計基準の改訂は，2002年12月IASB・FASBの間で，両者のリストラクチャリング引当金および解雇給付に関する会計基準を検討することから始まった。具体的には，IAS第37号（1998）およびIAS第19号「従業員給付」（*International Accounting Standard No. 19 "Employee Benefits"*）とSFAS第146号「退出または処分活動に関連す

図表2-1　国際的な負債に関するプロジェクトとわが国の動向

年　月	内　　　容　　　＜　＞はASBJ
2002年12月	・プロジェクト開始 　当初の目的：IAS 第37号「引当金，偶発負債および偶発資産」，IAS 第19号「従業員給付」と SFAS 第146号「退出又は処分活動に関連する費用の会計処理」の統合を図る。 　　→　リストラクチャリング引当金・解雇給付の統合
↓	・IFRS 第3号「企業結合」などが採用する「公正価値」測定との調整が必要となる。
2005年6月	・IAS 第37号改訂案および IAS 第19号改訂案（2005公開草案） 　①蓋然性要件の削除 　②期待キャッシュ・フロー（期待値）による測定
2009年9月	＜ASBJ：引当金専門委員会が「引当金に関する論点の整理」を公表し，コメントを募集する＞
↓	・IAS 第37号改訂案に関するコメントから，測定に関する再検討が必要となる。
2010年1月	・IAS 第37号における負債の測定を公表（2010年公開草案） 　→　2013年9月末現在最終的な公表に至っていない。
2010年2月	・IASB 作業草案「負債」を公表 ＜ASBJ：引当金専門委員会を休会，現在に至る＞
2010年4月～	・2010年公開草案に関連する「確定給付制度：IAS 第19号改訂案」（4月），「金融負債に関する公正価値オプション」（5月），「顧客との契約からの収益」（6月）などを公表

（筆者作成）

る費用の会計処理」（*Statement of Financial Accounting Standards No. 146 "Accounting for Costs Associated with Exit or Disposal Activities"*）の統合である。これらの改訂作業の中で，IFRS 第3号「企業結合」（*International Financial Reporting Standards No. 3, Business Combinations*：以下，IFRS 第3号「企業結合」という）などが採用する「公正価値」測定との調整が必要となり，2005年に IAS 第37号改訂案（2005）および IAS 第19号改訂案を公表した。

　この公開草案には，123通のコメントレターが寄せられ認識と測定に関して批判的な意見が多く寄せられた。その批判的な意見のひとつが，「蓋

然性要件の削除」に反対するものであり，もうひとつは「期待キャッシュ・フロー（期待値）による測定」であった。IASB は，2006年および2007年に「蓋然性要件の削除」の方向性を変えないことを示したうえで，2010年に，測定に関する内容のみに再コメントを求めることにした（以下，IAS 第37号改訂案（2010）という）。なお2013年9月末現在，この IAS 第37号（2005）改訂案および IAS 第37号改訂案（2010）などの一連の負債プロジェクトについては最終公表には至っていない。

一方，わが国でも IASB の IAS 第37号改訂案（2005）を踏まえ，2009年9月に「引当金に関する論点の整理」を公表し，コメントを募った。わが国のコメントも，同様にふたつの論点に批判的であった。企業会計基準委員会は，これらの意見を反映させるため，IASB の IAS 第37号改訂案（2010）に対するコメントを求められた際，論点ではない「蓋然性要件の削除に関する再検討」を文頭に挿入した。2010年2月，IASB は，IAS 第37号（1998）および IAS 第37号改訂案（2005）に代わる作業草案「負債」を公表している。この最終公表を待つ形で，企業会計基準委員会の引当金専門委員会は12回の審議を終えたのちいったん休止し，現在に至っている。

2　IASB

本節では，IASB の IAS 第37号（1998）の引当金および IAS 第37号改訂案（2005）の非金融負債を比較し，その定義および認識要件を分析し，その異同を明らかにする。またわが国の引当金との異同にも触れる。

引当金（provision）の定義は，IAS 第37号（1998, par. 10）において「時期または金額の不確実な負債」と規定されている。また同 par. 14において，引当金の認識要件を，「(a)企業が過去の事象の結果として，現在の債務（法的あるいは推定的）を有しており，(b)当該債務を決済するために，経済的便益をもつ資源の流出が必要となる可能性が高く，(c)当該債務の

金額について信頼性のある見積りができる場合」と規定している。

これに対して，非金融負債はIAS第37号改訂案（2005, par. 10）において，IAS第32号「金融商品：表示」(*International Accounting Standards No. 32, "Financial Instruments: Presentation"*) par. 11で定義されている「金融負債」以外の負債と定義されており，「負債の定義を満たしており，信頼性のある見積りができる」ことを認識要件としている。

このことを踏まえて考察を行えば，以下のとおりとなる。

まず「負債性を重視」していることが共通点として挙げられる。

わが国の収益費用中心観に基づく借方科目の費用を先決したのち，相手科目として貸方科目の引当金を置く流れとは異なる。またIAS第37号（1998）とわが国の引当金との相違点として，借方科目のバリエーションが異なる。これを示すものとして，IAS第37号（1998, par. 8）では「他の基準で，支出を資産にするか費用にするかについて定めている。これらの論点は，本基準では取り扱ってない。したがって，本基準は，引当金が設定されたときに認識された費用を資産化することについて禁止もしなければ要求もしない」とある。すなわち，貸方科目として先決された負債が「引当金が設定されたとき」に認識されたものを「費用」または「資産」のいずれとなることも容認している。さらにIAS第37号（1998, par. 6）では「引当金には，収益の認識に関係するものがある。例えば，企業が保証料を得て保証する場合がある」と規定している。このことから，借方科目に「収益の控除項目」も存在することがわかる。

次にIAS第37号（1998）は，引当金の認識範囲に「法的債務および推定的債務」の両方を含む。つまりpar. 10において「債務発生事象とは，その債務を決済する以外に企業に現実的な選択肢がない法的債務または推定的債務を生じさせる事象をいう」とあるためである。

IAS第37号（1998, par. 10）では，以下のように法的債務および推定的債務を定義している。

まず法的債務は次のものから発生した債務としている。
(a) 契約（明示的または黙示的な条件を通じて）
(b) 法律の制定
(c) 法律のその他の運用

また推定的債務は次のような企業の行動から発生した債務としている。
(a) 確立されている過去の実務慣行，公表されている方針または十分に具体的な最近の声明によって，企業が外部者に対してある責務を受諾することを表明しており，
(b) その結果，企業はこれらの責務を果たすであろうという妥当な期待を外部者の側に惹起している。

　これに対してIAS第37号改訂案（2005）は，その定義および認識範囲からだけでは推定的債務を含むか否かは読み取れない。またわが国や米国においては，資産除去債務に関する会計基準において法的債務を中心として引当金や負債の認識を行っている（詳細は第3章）。
　図表2-2は，IAS第37号(1998)「引当金」およびIAS第37号改訂案(2005)「非金融負債」の定義および認識要件を比較したものである。また図表2-3は，概念フレームワークにおける負債の定義の動向を示したものである。
　図表2-2，図表2-3を基に，引き続き両者の異同に関する考察を行う。
　まず，両者ともに「引当金（または非金融負債）は負債」であることが前提条件となっている。その負債の定義について考察すれば，IAS第37号(1998)では「時期または金額が不確実」という要件を加えているのに対し，IAS第37号改訂案（2005）では「金融負債以外の負債」として非金融負債を定義している。また「時期または金額の不確実」という要件はなく，負債であり，測定可能な（金融負債以外の）ものは，すべて非金融負債となる。また図表2-2の認識要件の比較から，IAS第37号（1998）のBが

図表2-2 IAS 第37号（1998）「引当金」および IAS 第37号改訂案（2005）「非金融負債」の定義および認識要件の比較

	IAS 第37号（1998）「引当金」	IAS 第37号改訂案（2005）「非金融負債」
定義	時期又は金額の不確実な負債	金融負債以外の負債
認識要件	A 企業が過去の事象の結果として、<u>現在の債務</u>（法的又は推定的）を有しており、 B 当該債務の決済のために、<u>経済的便益を持つ資源の流出が必要となる可能性が高く</u>、 C 当該債務の金額について信頼性のある見積りができる。	負債の定義を満たしており、(A) 信頼性のある見積りができる (C)

（アンダーライン，カッコ，記号等は，筆者による）

図表2-3 負債の定義

IASB 概念フレームワーク（par. 49(b)）	IASB・FASB 概念フレームワーク共同プロジェクト（par. 8）
負債とは， 過去の事象から発生した特定の企業の現在の債務であり，これを履行するために経済的便益を有する資源が当該企業から<u>流出</u>すると予想されるものをいう。	経済主体の負債とは， 債務者たる経済主体が負担する<u>現在の経済的債務</u>

（アンダーライン，カッコ，記号等は，筆者による）

説明するところのいわゆる「蓋然性要件」は，IAS 第37号改訂案（2005）では削除されており，現在の債務であることを前提に発生の可能性の低いものを含め認識される。以上より，従来の引当金と非金融負債を比較すれば，単純にその認識範囲は拡大するといえよう。

　次に，現行の図表2-2の IAS 第37号（1998）の引当金の認識要件および図表2-3の負債の定義には，いずれも「現在の債務」および「経済的便益の流出」というキーワードがある。それに対して，方向性を示す図表2-3右側の IASB・FASB 概念フレームワーク共同プロジェクトにおける

負債の定義には,「現在の（経済的）債務」であることしかない。つまり方向性として負債および引当金は,「現在の債務」という要素のみが残り,「経済的便益の流出」が除外されていることがわかる。また図表2-2のIAS第37号改訂案（2005）においても, 認識要件として「負債の定義を満たしており,（A）」とある。この認識要件は図表2-3の「経済主体の負債とは, …（中略）…現在の経済的債務」を組み合わせることによって, 負債は現在の債務であるから, 結果的に引当金の認識要件も「現在の（経済的）債務」のみになると考えられる。

このIASBの方向性における変化は, 本研究の目的である「蓋然性要件の削除」の検討に大いに関連する。そのため第4章において詳細に取り上げる。

3　日本

わが国における引当金に関する規定は, 企業会計原則注解18で示されている。定義に該当するものはないが, その認識要件および具体的な引当金の名称が列挙されている。認識要件として「将来の特定の費用または損失であって, その発生が当期以前の事象に起因し, 発生の可能性が高く, かつ, その金額を合理的に見積ることができる場合」が挙げられ, 認識されれば「当期の負担に属する金額を当期の費用または損失として引当金に繰入れ, 当該引当金の残高を貸借対照表の負債の部または資産の部に記載するもの」とされる。

また具体的な引当金として「製品保証引当金, 売上割戻引当金, 返品調整引当金, 賞与引当金, 工事補償引当金, 退職給与引当金, 修繕引当金, 特別修繕引当金, 債務保証損失引当金, 損害補償損失引当金, 貸倒引当金等」が該当し, これらは「発生の可能性の低い偶発事象に係る費用または損失については, 引当金を計上することはできない」とされ, これは偶発

負債の計上が禁止されていることを意味する。

　この企業会計原則注解18の規定から，わが国の現況における引当金の特徴を掲げる。

　まずは，引当金を収益費用中心観に基づいて，借方科目として費用を先決している点である。企業会計原則注解18の認識要件にはIAS第37号（1998）およびIAS第37号改訂案（2005）の定義および認識要件にあるような「負債」という文言はない。結局，いかにして最善の見積りにおいて借方科目の費用を計上するかに力点が置かれている。また，認識要件の「発生の可能性が高く」とあることから，蓋然性要件を認識要件のひとつとして採り入れていることがわかる。さらに，IAS第37号（1998）と同様の特徴として，企業会計原則注解18の認識要件は，引当金の決定要素を示す文言に「現在・過去・将来」が含まれている。

　つまり，引当金は様々な時間軸の要素を採り入れ認識されていることがわかる。それに対して，IAS第37号（2005）では，その決定要素は「現在のみ」となっていることがわかる。

　このように，わが国の企業会計原則注解18とIAS第37号（1998）およびIAS第37号改訂案（2005）には引当金の定義や認識要件にいくつかの異同点があり，その異同点からそれぞれの特徴を読み取ることができた。

4　非金融負債と引当金の異同

　引当金は，その時期に計上されていた実際の引当金の名称から，定義や認識範囲を推測することが可能である。前節で示された企業会計原則注解18が具体的な名称を用い示したことからもわかる。

　図表2-4は，「引当金に関する論点の整理」に基づいて，各引当金等を「日本の現況における認識」，「ASBJ『引当金に関する論点の整理』において検討対象となっているか」，「ASBJ『引当金に関する論点の整理』にお

いて負債（引当金）に該当するか」，「『IAS 第37号改訂案』等により負債（引当金）に該当するか」の4つの項目について○×などにより分類整理した。その結果，①〜③の3つのグループに分けて説明することが可能となった。

＜グループ①：現況において引当金であるが，今後は非金融負債から除外される方向であるもの＞

まず①に分類された引当金は，企業会計原則注解18などにより，現況においては引当金に該当するが，今後除外される引当金である。

貸倒引当金は評価性引当金であることから，今後の引当金に関する議論が負債性引当金を中心に行われるため除外される。投資損失引当金も同様の理由から除外される。これらについて論点整理第13項においても「会計基準の適用範囲を定めるにあたっては，いわゆる評価性引当金の取扱いが問題となるが，貸倒引当金は企業会計基準第10号『金融商品に関する会計基準』で取り扱われており，投資損失引当金も金融資産の減損処理との関連で検討することが適当と考えられることから，負債性引当金のみを検討対象とするのが適当と考えられる」とされている。

また修繕引当金や特別修繕引当金に関しては，「引当金に関する論点整理」の議論の検討対象には挙げられている。しかし論点整理第37項脚注10において「IFRSにおいては，固定資産の取得原価のうち大規模修繕で見込まれる支出に相当する部分については，修繕までの間に減価するものとみてその期間で減価償却し，修繕時の支出はその減価の回復とみて固定資産の取得原価に加算することとしている」とある。

つまり，すでにIAS第37号（1998）およびIAS第37号改訂案（2005）においても負債でない引当金とされているため，コンバージェンスの観点から認識される可能性は低いと考えられる。

図表2-4 各引当金の分類 (「引当金に関する論点の整理」より、筆者作成)

分類項目	日本の現況における認識	ASBJ「引当金に関する論点の整理」		IASB「IAS 第37号改訂案」等	
引当金等の名称 (①~③に分類)	・認識あり (企業会計原則注解18) …○ (その他の基準や実務上) …□ ・認識なし …×	①検討対象になっているか ①検討対象…○ 他の基準で取り扱う…□ 検討対象でない…×	②負債(引当金)に該当するか 該当する…○ 該当しない…×	①検討対象(引当金)に該当するか 該当する…○ 該当しない…×	②負債(引当金)等に該当するか 該当する…○ 該当しない…×
①貸倒引当金	○	× (評価性引当金の除外 *1)	×	×	×
①修繕引当金・特別修繕引当金	○	○	○	×	○
②退職給付引当金・工事損失引当金・資産除去債務 □(工事契約・資産除去債務)	○	× (それぞれの会計基準による *2)	○	○	○
②製品保証引当金・返品調整引当金・売上割戻引当金	○	○□(収益認識プロジェクトとの関連項目)	○	○	○
②ポイント引当金	□実務での計上あり	○	○	○	○
②賞与引当金・工事補償引当金・債務保証損失引当金・損害補償損失引当金	□実務での計上あり	○	○	○	○
②役員退職慰労引当金・リストラクチャリング引当金	×	○	○or×(要検討)	○	○
③環境修復引当金・訴訟損失引当金・有給休暇引当金・不利な契約に係る引当金 (特別法上の引当金又は準備金 *3)	○	○	○	○	○(*3は除く)

*1 投資損失引当金も同様に除外される。
*2 保険契約や繰延税金負債も時期や金額に不確実性があることから引当金の定義に該当するが、それぞれに関連する会計基準で取り扱われる。
*3 利益留保性の引当金は、当然負債には該当しないと考えられるが、「注解18の用件を満たす引当金」については負債に該当するものもあるため検討される。

＜グループ②：現況において引当金であり、今後も非金融負債とされるもの＞

次に②に分類された引当金等は、引当金から非金融負債へ移行するものである。

まず、該当する個々の会計基準において検討済みであるものとして退職給付引当金・工事損失引当金・資産除去債務が挙げられる。

退職給付引当金は、企業会計原則注解18においては退職給与引当金として示されており、企業会計基準第26号「退職給付に関する会計基準」において個別財務諸表上、固定負債の部に計上される。また使用される科目に関しては、企業会計基準第26号「退職給付に関する会計基準」では、「退職給付債務から年金資産の額を控除した額を負債として計上する場合は、負債となる場合は『退職給付に係る負債』等の適当な科目をもって固定負債に計上」とある（第13項、第27項）。しかし個別財務諸表の当面の取扱いとして、「負債として計上される額を『退職給付引当金』の科目をもって固定負債に計上する」（第39項(3)）とあることから、「退職給付にかかる負債」と「退職給付引当金」が区別して併用される。

なおその名称から引当金でないため「引当金に関する論点の整理」では触れられていないが、企業会計基準第13号「リース取引に関する会計基準」におけるリース債務も非金融負債に該当する。

資産除去債務に関しては、第3章において詳細に取り上げる。

次に製品保証損失引当金・売上割戻引当金・返品調整引当金・ポイント引当金は、収益認識プロジェクトに関連する項目として、負債プロジェクトといずれかで検討されることになる。

例えば、製品保証損失引当金は、2010年6月の公開草案「顧客からの契約から生じる収益」（*ED Revenue from Contracts with Coutomers*）、さらには、2011年11月の再公開草案「顧客との契約から生じる収益」（*A Revision of ED／2010／06 Revenue from Contracts with Customers*：以下「再公開草案」

という）の審議を重ね，製品保証を「品質保証（アシュアランス）型の製品保証」と「保険（サービス）型の品質保証」の2つに分け，「品質保証（アシュアランス）型の製品保証」については，IAS第37号に従って会計処理することにしている（再公開草案B11）。

またポイント引当金については，収益認識プロジェクトにおいて全面的に検討されている。野口教子（2010）は，国際財務報告解釈指針委員会（IFRIC）第13号「カスタマー・ロイヤリティ・プログラム」(*Customer Loyalty Programs*) で検討されている「ポイントの会計属性は収益であることを前提としているのに対し，日本では費用として捉えている」としている。

賞与引当金・工事補償引当金・債務保証損失引当金・損害補償損失引当金は注解18として現況において認識されており，今後も認識される。役員退職慰労引当金およびリストラクチャリング引当金は現在実務上ですでに計上されており，今後は会計基準の枠組みにおいて認識が検討される。

＜グループ③：現況は引当金等に認識されていないが，今後非金融負債として認識が検討されるもの＞

最後に③は今後の検討により，新たに非金融負債として認識が検討されるものである。

環境修復引当金・有給休暇引当金・訴訟損失引当金・「不利な契約」に係る引当金・特別法上の引当金または準備金がこれに該当する。これらはいずれも，わが国の実情を踏まえて検討されることとなる。これらは論点整理第40項により「注解18では例示されていない引当金のうち，わが国における実務慣行や国際的な会計基準とのコンバージェンス等の観点から，検討の範囲に含めるべきと考えられるその他の引当金についても，IASBにおいて検討されている認識要件を念頭に置きつつ，負債に該当するかどうかについての検討を行う」とされる。

以下順に，企業会計基準委員会が「引当金に関する論点の整理」で示し

た内容から，それぞれの引当金等の方向性などを検討する。

まず環境修復引当金については，「IAS 第37号改訂案では，環境へのダメージが発生した時点では，その結果を修復する現在の債務は企業に発生していないが，新しい法律がダメージの修復を求めた場合や，推定的債務を負うような修復責任を企業が受け入れた場合には，現在の債務が発生するとされている。したがって，国際的な会計基準とのコンバージェンスの観点からは，わが国においても，企業が負うべき現在の債務が発生した時点で，環境修復引当金を計上することになると考えられる」（論点整理第45項）としている。

環境修復引当金はすでに IASB および FASB でも採り入れられており，第3章で触れるように，わが国はこのような環境負債に関しては認識が遅れている。しかし，「新しい法律がダメージの修復を求めた場合」や「推定的義務を負うような修復責任を企業が受け入れた場合」という文言からは，あくまでも法的義務に認識を依拠し，推定的債務も一定の要件を満たすことにより「現在の債務」として認識するという企業会計基準委員会の姿勢がうかがえる。

次に有給休暇引当金については「企業と従業員との間の契約により，従業員が有給休暇を消化した場合にも対応する給与を企業が支払うこととなっている場合には，企業は，期末日時点で従業員が将来有給休暇を取る権利を有している部分について債務を負っている。このため，国際的な会計基準では負債に該当するとされている。これまでわが国においては，一般的に有給休暇引当金は計上されてこなかったが，わが国における労務制度や慣行の実態を考慮しつつ，国際的な会計基準とのコンバージェンスも勘案して取扱いを検討する必要があるものと考えられる」（論点整理第43項）としている。やはり，有給休暇引当金のようにわが国の会計慣行にはない引当金をどのように取り扱うかが今後の検討において注目される。

訴訟損失引当金については「訴訟等により損害賠償を求められている状

況においては，損害補償契約が前もって結ばれている場合と異なり，一般的に，負債が存在しているかどうかについて不確実性があると考えられる。事実関係や訴訟の進行状況等を考慮して，負債が存在しているかどうかの判断に基づき，引当金の計上の要否を決定することになると考えられる」(論点整理第44項) としている。訴訟に関しては，第6章でIAS第37号改訂案 (2005) についての議論の経過について触れる。そこでは，どの時点で訴訟に関する負債を認識するかについて，蓋然性要件が用いられることの必要性が論じられている。

「不利な契約」に係る引当金については「IAS第37号改訂案にもあるように，企業が，いわゆる『不利な契約』を有している場合には，当該契約に係る現在の債務を引当金として認識しなければならないと考えられる」(論点整理第47項) としている。ここでいう「不利な契約」とは，契約上の義務を履行するための不可避なコストが，受け取れる経済的便益を上回る契約をいう (論点整理 p. 3)。「不利な契約」に係る引当金については，どのようなケースが「不利な契約」に該当するかが非金融負債としての認識の論点となる。

特別法上の引当金または準備金については「いわゆる利益留保性の引当金は，当然に負債には該当しないと考えられるが，監査・保証実務委員会報告第42号における『注解18の要件を満たす引当金』については，その内容によって負債に該当するものと該当しないものとに分かれると考えられる」(論点整理第48項) としている。特別法上の引当金または準備金は，IAS第37号改訂案 (2005) ではなくわが国独自のものである。そのため「注解18の要件を満たす引当金」が対象の前提となっている。しかし，わが国がコンバージェンスを行った場合，収益費用中心観に基づく企業会計原則注解18は，引き続きその役割を果たせるのかどうか検討が必要であろう。

このように図表2-4の分類整理からも従来の引当金は加除され，非金融負債に生まれ変わろうとしていることが示された。つまり，「従来の引

第2章　非金融負債の概要　39

図表2-5　非金融負債の概要のまとめ

(筆者作成)

	日本（現況）	IASB（現況）	IASB（試案の方向性）
名称	引当金	引当金 (provision)	非金融負債 (non-financial liability)
規定する会計基準	企業会計原則注解18	IAS 第37号（1998）	IAS 第37号「引当金、偶発債務および偶発資産」(2005) IFRS 第4号保険契約、損害賠償など IAS 第11号「工事契約」 IAS 第17号「リース」 IAS 第19号「従業員給付」
定義	―	時期または金額が不明な負債	金融負債以外の負債
認識要件	将来の特定の費用又は損失であって、その発生が当期以前の事象に起因し、発生の可能性が高く、かつ、その金額を合理的に見積ることができる場合	企業が過去の事象の結果として、現在の債務（法的又は推定的）を有しており、当該債務の決済のために、経済的便益を持つ資源の流出が必要となる可能性が高く、当該債務の金額について信頼性のある見積りができる。	負債の定義を満たしており、信頼性のある見積りができる。
引当金の決定要素	現在・過去（発生が当期以前の事象に起因） 将来（将来の特定の費用又は損失）	現在（現在の債務） 過去（過去の事象の結果） 将来（将来　経済的便益を持つ資源の流出が必要となる可能性が高い）	現在（（負債の定義より）現在の経済的債務）
計上可能な引当金	負債性引当金、評価性引当金、収益控除性引当金、(注解18の要件を満たす) 利益留保性引当金 ※1	負債性引当金、評価性引当金、収益控除性引当金	負債性引当金、（収益控除引当金 ※2）
収益費用中心観／資産負債中心観	収益費用中心観	資産負債中心観	資産負債中心観
認識手順 (①⇒②)	①借方科目（費用） ②貸方科目（負債、資産、収益控除）	①貸方科目（負債） ②借方科目（費用、資産、収益控除）	①貸方科目（負債） ②借方科目（資産、費用、収益控除）

※1　利益留保性引当金は、純資産に認識される。　※2　収益認識プロジェクトの関連項目

当金」と「非金融負債」は，具体的な科目からも同意ではない。

5 まとめ

第2章は，図表2-5のとおり小括することができる。

非金融負債の概要のまとめとして，日本の現況，IASBの現況およびIASBの方向性について比較を行った。比較する項目は，その名称，規定する会計基準，定義，認識要件，引当金の決定要素，計上可能な引当金，収益費用中心観・資産負債中心観，認識手順である。

本章におけるこれらの比較をとおして，非金融負債と従来の引当金との異同が明らかとなり，非金融負債とは何かをまとめることができた。

次章においては，資産除去債務を取り上げる。

資産除去債務は本章図表2-4において，すでに該当する会計基準で検討済みとしてわが国の引当金に関する論点の整理の検討対象から除外されている。しかし資産除去債務は，非金融負債のひとつとして，IAS第37号改訂案（2005）に先立ち，米国および日本において会計基準化されたものである。その過程を詳細に取り上げ，その様々な問題点を浮き彫りにする。

主要な問題点としては，その会計処理として採用された資産負債の両建処理に関する検討である。資産除去債務に関する会計基準におけるこれらの問題点は，2005年に開始されたIAS第37号の改訂作業が，未だ最終公表を見ない一因であると考える。

参考文献

Financial Accounting Standards Board (2002) *Accounting for Costs Associated with Exit or Disposal Activities. Statement of Financial Accounting Standards No. 146*, FASB.

Financial Accounting Standards Board (2005) *Conceptual Framework : Joint Project of the IASB and FASB, Project Updates, Last Revisions : September 26, 2005*.

International Accounting Standards Board (2004) *Business Combination.. International Financial Reporting Standard No. 3*.

International Accounting Standards Board (2005a) *Amendments to IAS No. 37, Provisions, Contingent Liabilities and Contingent Assets and IAS No. 19 Employee Benefits.* Exposure Draft of Proposed, IASCF.

International Accounting Standards Board (2005b) *Amendments to IFRS 3 Business Combination. Exposure Draft of Proposed*, IASCF.

International Accounting Standards Board (2007) *Customer Loyalty Programmes. IFRIC No. 13, International Financial Reporting Interpretations Committee.*

International Accounting Standards Board (2009) *Stand-Ready Obligations : Liabilities — Amendments to IAS No. 37. Agenda Paper 4 D*, IASCF.

International Accounting Standards Committee (1983) *Accounting for Retirement Benefits in Financial Statements of Employers, International Accounting Standard No. 19*.

International Accounting Standards Committee (1995) *Financial Instruments : Disclosure and Presentation, International Accounting Standard No. 32*.

International Accounting Standards Committee (1998) *International Accounting Standard No. 37, Provisions, Contingent, Liabilities and Contingent Assets*.

野口教子 (2010)「IFRIC13号におけるポイント交換—交換取引における属性の変化」『国際会計研究学会年報』2010年度, pp. 165-174.

松本敏史 (2012)「カスタマー・ロイヤルティ・プログラムと収益認識」『国際会計研究学会年報』2011年第1号, pp. 19-31.

山下壽文 (2007)『偶発事象会計の展開—引当金会計から非金融負債会計へ』創成社

山下壽文 (2010)「収益認識と引当金の論点」『企業会計』第62巻第2号, pp. 215-223.

山下壽文 (2011)「IFRSにおける非金融負債会計の動向—公開草案『IAS第37号における負債の測定』を中心として」『佐賀大学経済論集』第43巻第5号, pp. 85-109.

企業会計基準委員会 (2007) 企業会計基準第13号「リース取引に関する会計基準」財務会計基準機構

企業会計基準委員会 (2008) 企業会計基準第10号「金融商品に関する会計基準」財務会計基準機構

企業会計基準委員会 (2009)「引当金に関する論点の整理」財務会計基準機構

企業会計基準委員会 (2012) 企業会計基準第26号「退職給付に関する会計基準」財務会計基準機構

第3章　非金融負債会計と資産除去債務
　　　―会計処理に関する一考察―

はじめに

　1960年代ソニーが米国において米国の会計基準による連結財務諸表作成を求められてから50年以上が経過している。当時わが国では連結財務諸表の作成は求められていなかった。米国への企業進出を貿易立国の旗印とした日本企業は、それから長きにわたり米国基準の連結財務諸表作成に注力していた[1]。しかし、1990年代以降も活発に世界市場へ進出した日本企業は、米国と同様に2005年EU域内においてIASBを作成主体として採用されたIFRSs強制適用により、IFRSsとの会計基準の差異の解消を求められることになった。このいわゆる2005年問題をきっかけにIASBとわが国の企業会計基準委員会は2011年を期限に、コンバージェンスを最終目的とした共同プロジェクトを開始した。IASBとは2005年3月に共同プロジェクトを開始させ、またFASBとの間でも2006年5月から定期的に協議[2]を開き、意見交換を行っている。

　資産除去債務に関しては、2006年3月IASBとの共同プロジェクトの第3回会合において、基準間に差異がみられる26項目が長期プロジェクトと短期プロジェクトに分類整理されたなかの、短期プロジェクトのひとつとして分類された[3]。それを受け同年7月に学識経験者を中心としたワーキンググループでの検討がなされ、同年11月に資産除去債務専門委員会[4]が発足した。資産除去債務専門委員会は2007年5月30日に公開草案作成に先

立って，9つの議題からなる論点整理を公表した。論点整理に関するコメントは同年7月9日まで募られ，その後8回にわたる専門委員会による検討により，同年12月27日に公開草案および運用指針が示されるに至った。2008年2月4日でそのコメントは締め切られ，その後2回にわたり文案検討がなされ，同年3月31日に資産除去債務会計基準が企業会計基準適用指針第21号「資産除去債務に関する会計基準の適用指針」（以下「適用指針」という）とともに公表された。

本章では，この資産除去債務会計基準の概要を確認したのち，モデルとなった同様の米国のSFAS第143号やIASBの関連する基準を確認する。さらに企業会計基準委員会の見解を踏まえながら，会計理論に基づく会計処理の分析を行い，資産負債の両建処理の問題点を洗い出し，それに代わる試案の検討を行うことにする。

1 資産除去債務の概要

本節では，資産除去債務の定義および認識範囲，会計処理について確認する。

1.1 定義および認識範囲

資産除去債務の定義は「有形固定資産の取得，建設，開発または通常の使用によって生じ，当該有形固定資産の除去に関して法令または契約で要求される法律上の義務およびそれに準ずるものをいう」（資産除去債務会計基準第3項(1)（以下，「基準第3項(1)と略す））とされている。この定義に関連し，認識範囲などを示す以下の3点を概説する。

一つ目は「法律上の義務およびそれに準ずるもの」である。

「法律上の義務およびそれに準ずるもの」とは，法令若しくは契約で要求される法律上の義務のほか，有形固定資産の除去に関連する債務がある

と考えられる「法律上の義務に準ずるもの」も含む。「法律上の義務に準ずるもの」とは，債務の履行を免れることがほぼ不可能な義務を指し，法令または契約で要求される法律上の義務とほぼ同等の不可避的な義務が該当する（基準第28項）。具体的には，法律上の解釈により当事者間での清算が要請される債務に加え，過去の判例や行政当局の通達等のうち，法律上の義務とほぼ同等の不可避的な支出が義務付けられるものが該当すると考えられる。したがって，有形固定資産の除去が企業の自発的な計画のみによって行われる場合は，法律上の義務に準ずるものには該当しないこととなる（基準第28項）。

法律上の義務に限定せず「法律上の義務に準ずるもの」も含むことにした理由としては，企業が負う将来の負担を財務諸表に反映させることが投資情報として有用であり，資産除去債務会計基準のモデルとなった米国のFASBが2001年6月に公表したSFAS第143号「資産除去債務の会計処理」において法律上の義務に限定されないことが踏襲されたためである。SFAS第143号においては，法的債務のみが適用対象であることからほぼ同意であると考えられるが，SFAS第143号における法的債務とは，推定的債務である約束的禁反言[5]の原則に基づく約束についても法的債務に含めるという解釈をとっている。さらに詳細にいえば，既存の法律，規則，条例，書面または口頭の契約に加え，約束的禁反言の原則の結果，企業が決済を要求される義務のことで，法律上の債務より広い概念を指す（阪智香（2007, p. 271））。よって資産除去債務会計基準における資産除去債務の適用対象は，SFAS第143号より狭義なものになっている。

また有形固定資産の除去そのものは義務でなくとも，有形固定資産を除去する際に当該有形固定資産に使用されている有害物質等を法律等の要求による特別の方法で除去するという義務も含まれる[6]（基準第3項(1)）。

二つ目は，「通常の使用」である。

資産除去債務は，「有形固定資産の取得，建設，開発または通常の使用

により生じるもの」とされる。この「有形固定資産」には財務諸表等規則において有形固定資産に区分される資産のほか，建設仮勘定，リース資産および投資不動産などについても，資産除去債務が存在している場合には，その対象に含まれる（基準第23項）。

また「通常の使用」とは，有形固定資産を意図した目的のために正常に稼働させることをいい，有形固定資産を除去する義務が，不適切な操業等の異常な原因によって発生した場合には，資産除去債務として使用期間にわたって費用配分すべきものでなく，引当金の計上や「固定資産の減損に係る会計基準」（平成14年8月企業会計審議会）の適用対象とすべきものと考えられる（基準第26項）。なお，土地の汚染除去の義務が通常の使用によって生じ，かつ，土地の原状回復等が法令または契約で要求されている場合の支出は，一般に当該土地に建てられている建物や構築物等の有形固定資産に関連する資産除去債務であると考える（基準第45項）。しかし，この場合適用指針に基づく会計処理を行うと，土地が減価償却資産として取り扱われることになる。

三つ目は，「除去」である。

基準第3項(1)にある「除去」は「有形固定資産を用役提供から除外することをいう（一時的に除外する場合を除く。）」と同第3項(2)で定義されている。

この場合「除去」には，売却，廃棄，リサイクルその他の方法による処分等が含まれるが，転用や用途変更は企業が自ら使用を継続するものであり，当該有形固定資産を用役提供から除外することにはならないため，具体的な態様には含めないものとされ，遊休状態になる場合は，資産除去債務としてではなく，必要に応じて減損処理が行われることになる（基準第3項(2)）。有形固定資産の使用期間中に実施する環境修復や修繕も，資産の使用開始前から予想されている将来の支出であることは資産除去債務と同様であるが，債務ではない引当金に整理されることが多いことや操業停

止や対象設備の廃棄をした場合には不要となることから資産除去債務の対象外とされた（基準第25項）。

また有形固定資産の使用を終了する前後において，当該資産の除去の方針の公表や，有姿除却の実施により，除去費用の発生の可能性が高くなった場合に，有形固定資産を取得した時点または通常の使用を行っている時点において法律上の義務またはそれに準ずるものが存在していない場合は，有形固定資産の取得，建設，開発または通常の使用により生じるものには該当せず，不適切な操業等の異常な原因によって発生した場合と同様に減損会計基準または引当金計上の対象となるものと考えられる（基準第27項）。

1.2　会計処理

資産除去債務の会計処理について基準第4項は「資産除去債務は，有形固定資産の取得，建設，開発または通常の使用によって発生した時に負債として計上する」ものとしている。

さらに同第7項により「資産除去債務に対応する除去費用は，資産除去債務を負債として計上した時に，当該負債の計上額と同額を，関連する有形固定資産の帳簿価額に加える。資産計上された資産除去債務に対応する除去費用は，減価償却を通じて，当該有形固定資産の残存耐用年数にわたり，各期に費用配分する」と規定されている。

これらの規定は，資産除去債務を「発生した時に負債として計上」し「当該負債の計上額と同額を，関連する有形固定資産の帳簿価額に加える」という2点から資産除去債務の会計処理を「資産負債の両建処理」により行うことを求めている。

この2点に関して，以下に説明を加える。

まず「発生した時に負債として計上」とは，それまで類似する除去費用に適用されていた「引当金処理」は，「その時点までに発生していると見積もられる額を計上」するものであった。これに対し「資産負債の両建処

理」は，資産除去債務の全額を「発生した時に負債として計上」する。そのため「資産負債の両建処理」を採用する根拠であることを指す。これに関連して論点整理【論点3】において「資産除去債務の全額を負債として計上する理由」として企業会計基準委員会の見解があり，それに対する議論や検討は後述する。

　いずれにしても，「発生した時に負債として計上」するためには資産除去債務が負債として認識されることが前提となる。また「引当金処理」の採用可能性を検討する場合においても，引当金を負債として認識することについて検討を行う必要があることがわかる。さらに認識要件に関連して，基準第5項では「資産除去債務の発生時に，当該債務の金額を合理的に見積もることができない場合には，これを計上せず，当該債務額を合理的に見積もることができるようになった時点で負債として計上する」と規定している。

　「合理的に見積もることができない場合」とは，履行時期を予測することや，将来の最終的な除去費用を見積もることが困難であることを指し，その場合注記を行うことになる（基準第35項）。しかし，それは決算日現在入手可能なすべての証拠を勘案し，最善の見積もりを行ってもなお，合理的に金額を算定できない場合に限られる（適用指針第2項）。このように「合理的に見積もることができない場合」を負債計上の判断基準のひとつに含めることは，本来測定に用いられるものを認識要件に置き換えていると考えられる。

　次に「当該負債の計上額と同額を，関連する有形固定資産の帳簿価額に加える」を取り上げる。

　「当該負債の計上額と同額を，関連する有形固定資産の帳簿価額に加える」ことは，資産除去債務として負債計上された同額の除去費用を「資産計上」することである。そのため費用計上を行う「引当金処理」ではなく，「資産負債の両建処理」による処理を求めている。

基準第7項における「資産除去債務に対応する除去費用」は，同第41項において「当該有形固定資産の取得原価に含めることにより，当該資産への投資について回収すべき額を引き上げることを意味する」と規定される。すなわち資産負債の両建処理により資産除去債務に対応する除去費用を取得原価として資産に含めることで，より回収可能額の算定を明確に示すことができる。よって投資家への有用な情報を提供することが可能であるとしている。

　しかし一方で，基準第33項においては「引当金処理に関しては，有形固定資産に対応する除去費用が，当該有形固定資産の使用に応じて各期に適切な形で費用配分されるという点では，資産負債の両建処理と同様であり，また，資産負債の両建処理の場合に計上される借方項目が資産としての性格を有しているのかどうかという指摘も考慮すると，引当金処理を採用した上で，資産除去債務の金額等を注記情報として開示することが適切ではないかという意見もある」としている。このことは，まさに企業会計基準委員会が資産負債の両建処理における除去費用の資産性に疑義を有しながらも採用に踏み切ったことを明確に示すものである。またこれに関連して除去費用の配分方法として減価償却が引当計上などと比較して，果たして最適なのかという点も検討すべき事項である。

　以上のように資産除去債務の会計処理として採用された「資産負債の両建処理」は，資産除去債務について発生時にその全額を負債として認識し，かつ，資産除去債務に対応する除去費用を資産計上し，減価償却により費用配分するものである。この会計処理法から「資産負債の両建処理」の再検討を行う場合には，資産除去債務自体の負債性および資産除去債務に対応する除去費用の資産性を検討する必要があることがわかる。また引当金処理の採用再論を検討する場合も，負債性の観点から同様の検証が必要であろう。これらの資産除去債務の定義および認識範囲に関する論点は重要であるため，周辺論点も含めて以後の各節で触れていく。

以上が，わが国の資産除去債務に関する会計基準における資産除去債務の概要である。あらためて，この基準はFASBのSFAS第143号をモデルとして作成されている。次節では，このSFAS第143号を取り上げる。

2　FASBにおけるSFAS第143号導入の背景

　わが国の資産除去債務会計基準は国際的な会計基準とのコンバージェンスの観点から会計基準化されたといえる。それに対して米国は環境負債への取り組みが発展したことによりSFAS第143号は導入された。本節では，その背景，経緯および導入時の議論について考察する。

2.1　米国における環境負債への取組

　資産除去債務は，環境会計[7]において環境負債の一つに分類される。環境負債とは，環境問題や汚染浄化のために生じる将来の支払義務のことであり，①既に起こった汚染に対する修復義務，②製造・販売した製品の回収・処理義務，③進行中の汚染に対する閉鎖・除去義務などに分類できる[8]。この環境負債への取り組みは，1970年代の①既に起こった汚染に対する修復義務に始まり，1990年代以降③進行中の汚染に対する閉鎖・除去債務に波及し，2000年代に入って②製造・販売した製品の回収・処理義務[9]が整備されることになる。このように2002年の土壌汚染対策法の制定により，ようやく法整備に取り組み始めた日本と比較して，米国は早い段階から環境問題の発生に対応し関連する環境法の整備を行うとともに，環境会計における財務会計領域[10]の会計基準の設定を進めていた。

　藤井（2009）はその取組みの違いから，日米それぞれの資産除去債務に関する会計基準には構造的な違いがあるという。具体的には「日本では汚染者負担原則[11]は環境基本法に明記されてはいるものの，それを米欧のように環境費用・債務の法的義務として一般的に明文化した個別法はない

ため，日本の上場企業においてはすでに約1800億円の環境引当金が計上されているが，いずれも自主的な対応である[12]」と指摘する。

このようにわが国において法整備と会計基準の関係がうまく成り立っていないという評価を下す。その一方で米国については「環境債務の評価構造の軸に，汚染者負担原則に基づくスーパーファンド法やRCRA法[13]があり，企業は環境法に裏付けられた環境債務から逃れられない立場に置かれており，長年にわたる環境債務評価の積み上げの最終結果として，将来の資産除去債務の推計把握に至った[14]」と高く評価する。

そこでSFAS第143号の導入の背景を，図表3-1「米国における主な環境法の整備と関連する会計基準」から，明らかにしていくことにする。

1970年代に入ると，米国では環境問題の中でも土壌汚染が表面化し，1976年に資源回復保護法などを制定し対応を図っていた。しかし，土壌汚染は企業の資産価値の下落や信用の失墜による倒産という問題にとどまらず，健康被害などを起こした。その土壌汚染が大きな社会問題に発展した事件が1978年にニューヨーク州ラブキャナル運河で起きた化学合成会社のダイオキシン等有害物質投棄事件，いわゆるラブキャナル事件である。その後

図表3-1 米国における主な環境法の整備と関連する会計基準

年代	環境法	会計基準
1970	1976年資源保護回復法 　　　　　　　（RCRA法）	1975年 SFAS第5号（偶発債務）
1980	1980年スーパーファンド法 　　　　　　　（CERCLA法） 1986年スーパーファンド法改正	
1990		1996年 SOP96-1（環境浄化債務）
2000	2002年ブラウンフィールド法	2001年 SFAS第143号 　　　　　　　（資産除去債務） 2005年 FIN第47号 　　　　　　　（条件付資産除去債務） 2007年 SFAS第157号（公正価値）

(出所：光成（2008, p. 218）を参考に，筆者が作成)

ラブキャナル事件は全米規模での土壌汚染調査へと発展し，問題を深刻化させた。そしてこの事件を契機に，1980年に制定されたのが，スーパーファンド法である。

スーパーファンド法は，土壌汚染のある土地の浄化の責任主体を潜在的責任当事者として，原則，連帯，遡及，無過失責任とした厳格な責任追及を行うものであった。そのためこの責任追及の厳しさのため，土地の売買や再利用が活発に行われず，放置されていく（ブラウンフィールド）問題が生じたため，2002年にブラウンフィールド法を制定し再利用が促進されることとなった。スーパーファンド法が，企業にインパクトを与えたのは責任追及主義以上に，責任の「遡及」である。つまり法令制定以前の行為にも効力がおよび，それが将来巨額の損失を発生させかねないことは，企業にとって環境問題への意識を高めるものといえる。なお日本の環境法に関して，このような遡及をうける法令はない。

また一方で，企業が環境負債を認識しながら財務諸表への計上をしない現状を踏まえ，米国公認会計士協会（The American Institution of Certified Public Accountants: AICPA）は1996年に環境負債に関する実務指針 SOP 96-1「環境修復負債」[15]を公表し，スーパーファンド法などの環境法に義務付けられた環境負債の認識・測定・開示の問題を取り扱った。このように米国においては，藤井（2009）の指摘するとおり，環境法等の法整備と会計基準の設定がうまくかみ合い機能していることがわかる。

一方，日本においても1975年に六価クロム事件[16]が発生したが，個別の対応策にとどまった。そのため1980年に制定されたスーパーファンド法に遅れること20年余り，2002年の土壌汚染対策法まで法的対応を待つこととなった。

このように2000年以前は，環境負債のうち①既に起こった汚染に対する修復義務に関するものが中心であった。しかし1990年代に入り，米国の環境負債の対応は新たな局面を迎えた。それは，③に対応する会計基準の設

定である。つまり資産除去債務という，進行中の汚染に対する将来の閉鎖・除去義務の取扱いが求められたのである。

2.2 SFAS第143号公表までの議論

　1994年6月FASBは，会計基準の設定事項における審議項目として財務会計基準諮問評議会（The Financial Accounting Standards Advisory Council : FASAC）からの助言に従い，除去コストの会計処理に関するプロジェクトまたは環境コストに関するより広範囲のプロジェクトを立ち上げた。これにより原子力発電所解体コストの会計処理を審議事項に加え，その後他業種の類似するコストも含めることとした[17]。

　当時，有形固定資産の除去に関する債務については，多様な会計実務が実践されていた。ある企業は減価償却累計額として取りあげ，また他の企業は負債として計上し，その債務は関連資産の耐用年数に渡って比例配分していた。さらに資産を除去するまで財務諸表上にそれに関する負債を全く認識しない企業も多くあった[18]。つまりSFAS第143号設定前の有形固定資産の除去に関する会計基準としてSFAS第19号「石油・ガス生産会社による財務会計報告」（Statement of Financial Accounting and Reporting No. 19 by Oil and Gas Producing Companies）が存在していた。しかしこの基準のもとでは，資産除去債務について独立した負債としてではなく資産の減額勘定として報告されることが多く，十分な役割を果たせていなかった。

　このように資産除去債務という，進行中の汚染に対する将来の閉鎖・除去義務に関する明確な規定が存在しないことが，会計実務における首尾一貫性を失わせ，多様な会計処理を容認することになった。このため有形固定資産の除去に関する債務の認識および測定の基準を定め，その会計処理を示すことが必要であった。会計処理を示すことが財務諸表の比較性を高め，投資家などに有用な情報を提供することにもつながる。したがってSFAS第143号は導入されたのである。

1994年6月に立ち上げられたFASBの資産除去債務の会計基準の導入プロジェクトは、2度の公開草案を経て、当初公開草案の公表から7年を経過した2001年6月にSFAS第143号の公表に至る。日本と米国の資産除去債務に関する会計基準の公表までに至る議論を比較すると、それぞれの論点の違いを見いだすことができる。

　前述のとおり2007年12月27日に公表された日本の会計基準および適用指針の公開草案に対するコメントは、翌年2月4日まで募集された。コメントとして挙がった70件のうち主な項目（ひとつのコメントで複数の項目にまたがるコメントあり）を挙げると、資産除去債務に対応する除去費用の資産計上と費用配分（14件）、開示（12件）、資産除去債務の算定（11件）、用語の定義（7件）、資産除去債務の負債計上（7件）、適用時期等（6件）、設例（6件）に関するものとなっている。

　一見すると公開草案に対するコメントについて論点の集中は見られない。これは負債計上における会計処理、つまり、資産負債の両建処理と引当金処理の比較という最大の論点が、それ以前の2007年5月30日の論点整理において資産負債の両建処理の採用を前提とした内容となっていたことが影響していると推測される。実際、当時発表された論文等は、その多くが資産負債の両建処理の問題点を指摘するものであった。すなわちわが国において従来行われてきた引当金処理の正当性を主張し、引当金処理の継続適用や資産負債の両建処理との併用を意図するものであった。また関連する議論は2010年4月の強制適用を控えた時期でさえも見受けられた[19]。

　一方米国においてはFASBから、1996年2月に資産除去債務の最初の公開草案「長期資産の閉鎖または除却に関する負債の会計[20]」（以下「当初公開草案」という）が公表され、123件のコメントレターが寄せられた。この当初公開草案は4年に及ぶ審議を経て、再度2000年2月改訂された公開草案「長期資産除去債務の会計[21]」（以下「改訂公開草案」という）として公表された。さらに審議を重ねたうえいくつかの修正を加え、ようや

く2001年6月にSFAS第143号の最終公表に至った。当初公開草案に対する123件のコメントレターは，その多くが資産除去債務の定義および範囲に関するものであった。具体的に言えば，法的債務に加え，推定的債務を負債として認識するとした当初公開草案 par. 62に対して，より多くのガイダンスの必要性を指摘したものであった。

この論点に関する米国のコメントは，その後の改訂公開草案においても妥協することなく指摘が繰り返された。これらのコメントが繰り返されたことに対してFASBは最終的な結論となるSFAS第143号公表直前に，この推定的債務を資産除去債務の範囲から除外することを決断し，法的債務のみを取り扱うこととした。この重大な決断には，少なからずこれらのコメントなどが反映されたのではないかと推測できる。この米国のSFAS第143号導入までの論点を図表3-2の①から⑥の項目に整理して，その議論の経過をみていくことにする[22]。

図表3-2の論点項目①〜③は，当初公開草案から改訂公開草案において結論が変更された項目で，負債の名称・範囲および認識対象に関連している。

負債の名称（①）について当初公開草案 par. 4は「閉鎖または除却（closure or removal）」が用いられた。また当初公開草案 par. 6に限定列挙[23]で認識対象が示されていたため，基準の適用（②）については原子力施設などを所有する一部の企業と解されていた。また同じく当初公開草案 par. 4において「その債務は長期資産の閉鎖または除却にかかわっており，その資産の現在の運転または使用が終わるまで履行できないもの」とある。このことから当初公開草案 par. 38において資産の使用期間中に生ずる債務（③）は基準の対象外であったことが明記されていた。

それに対して，改訂公開草案は負債の名称（①）に関しては資産除去債務（asset retirement obligation）が使用されるとともに，基準の適用（②）が一般企業に向けられた。また新たに改訂公開草案 par. 7において，「新

図表3-2　SFAS 第143号導入までの論点

論点項目	1996年当初公開草案	2000年改訂公開草案	2001年 SFAS 第143号
①負債の名称	閉鎖あるいは除却債務	資産除去債務	資産除去債務
②基準の適用	原子力施設などの特定業種	一般企業にも適用	一般企業にも適用
③資産の使用期間中に生ずる債務	基準の対象外とする	対象に含める	対象に含める
④負債の範囲	法的債務および推定的債務	法的債務および推定的債務	法的債務のみ
⑤負債の当初認識	伝統的現在価値技法	公正価値（期待現在価値を使用）	公正価値（期待現在価値を使用）
⑥負債計上の会計処理	資産負債の両建処理	資産負債の両建処理	資産負債の両建処理

（出所：加藤（2006, pp. 112-142）を参考に，筆者が作成）

しく制定された法律，規則あるいは契約規定の変更によって，あるいは別のことで，他の実体に対する債務または責任が発生することによって，資産の耐用年数のどこかで債務が発生したもの」と規定されたことにより，取得時などの当初認識以外にも，資産の使用期間にわたって比例的・非比例的に発生するものや新たな法律の制定等により資産の耐用年数のどこかで債務が発生した場合も加えられた。つまり資産の使用期間中に生ずる債務（③）が資産除去債務の対象に含められたことになる。

次に，論点項目④〜⑤負債の範囲，負債の当初認識に関する議論の経過を確認する。

前述のとおり，負債の範囲（④）に関しては，当初公開草案に対するコメントレターの最大の論点である。FASBもその動向を踏まえて2000年2月の改訂公開草案を公表した。しかし図表3-2の通り，2001年6月のSFAS第143号公表において，その結論を変えることになった。

川西安喜（2007）は，一連の経過を，以下のように要約している[24]。

「FASB は，最初の公開草案において，推定的債務も範囲に含めることを提案し，推定的債務の特定は法的債務の特定に比べて困難であると認めた上で，企業による判断を要求することとした。これに対し，最初の公開草案へのコメント提出者の多くは，推定的債務の特定に関して追加的な指針が必要であると指摘した。

そこで FASB は，改訂された公開草案において，法的債務と推定的債務の区別には触れず，財務会計概念書（CON）[25]第 6 号「財務諸表の構成要素」の負債の定義に照らし合わせて判断することを提案した。しかし，改訂された公開草案へのコメント提出者の多くは，推定的債務の特定に関する追加的な指針がない限り，基準が統一的に適用されないと指摘した。

FAS 第143号を公表するに当たり，FASB は，推定的債務の特定は主観的であることを認め，基準を統一的に適用するため，約束的禁反言の原則によるものを含めた上で，資産除去債務の範囲を法的債務に限定することで合意した。」

すなわち，前述の当初公開草案 par. 4において資産除去債務の範囲を「法的債務および推定的債務」とした。そのことにより FASB は両者の区別と推定的債務の事例の詳細をもとめられることとなった。よって，改訂公開草案では資産除去債務の負債認識は，以下の 3 つの条件がすべてみたされるものとした。

A　SFAC 第 6 号『財務諸表の構成要素』の par. 35の負債の定義に合致すること。
B　その債務にかかわる資産を将来において引き渡す可能性が高い（probable＊）こと（「＊」および以下の「※」は筆者挿入）。
C　負債金額が合理的に見積もり可能であること（改訂公開草案 par.

5）。

まず A に関して，菊谷正人（2008b）によれば，「SFAC 6（par. 35）では，負債は『過去の取引または事象の結果として，ある企業が将来において他の企業に対して資産を引き渡す，あるいは用役を提供する現在の義務から生じる，発生の可能性の高い（probable※）将来の経済的便益の犠牲（future sacrifices of economic benefits arising from present obligations）』と定義されている。この定義における『発生の可能性が高い』(probable※)は，『高度な期待（a high degree of expectation）を必要とする（SFAS 143, par. 5）』ものとされ，資産除去債務に法的債務として組み込まれた禁反言の原則に基づくものは，この必要条件を満たすもの」(菊谷 (2008b, p. 43))であったと解している。

実際，議論を進める上で問題となったのは，B に付けられた脚注であった。脚注には「B で用いられている probable という用語は，SFAS 第 5 号『偶発事象の会計』における probable*の意味，すなわち，『将来事象の発生の可能性が高い』という意味で用いられている」と補足されていた。言い換えると，FASB は SFAC 第 6 号の負債の定義にある probable※と SFAS 第 5 号の probable*を同義にとらえることを提案したのである。

しかし，これは以下の点で矛盾を生んだ。

FASB は，2000 年 2 月改訂公開草案公表前に SFAC 第 7 号「会計上の測定におけるキャッシュ・フロー情報および現在価値の使用」（Statement of Financial Accounting Concepts No. 7 *"Using Cash Flow Information and Present Value in Accounting Measurements"*）を公表している。SFAC 第 7 号は不確実性（uncertainty）を取り扱っており，それを認識した負債の公正価値測定に組み込むことを主張した。よって直後の改訂公開草案においても，負債の当初認識（⑤）を伝統的現在価値技法から公正価値へと変更した。そうなると，SFAS 第 5 号と SFAC 第 7 号の不確実性の取扱いも同

じでないと矛盾を生じることになる。まとめると，FASB は，SFAC 第 6 号の負債の定義にある probable※と SFAS 第 5 号「偶発事象の会計処理」の probable＊が同義であること，更に SFAS 第 5 号と SFAC 第 7 号の不確実性の取扱いも同じであることの 2 点について説明を求められたことになる。

この状況に対し FASB は，基準公表が間近に迫った2001年 3 月27日に開催された委員会において，重大な方針の転換を行うことになった。負債の範囲から推定的債務を除外し「法的強制力のある債務（legally enforceable obligation）」とすることに同意したのだ。委員会のメンバーには「法的強制力のある債務」と「法的債務（legal obligation）」との区別について懸念を表明するものもあった。しかし推定的債務の除外という大きな足枷が取れたことの方が大きいと考えるメンバーが多かったと思われ合意に至った。なお SFAS 第143号においては，法的強制力のある債務は法的債務という名称に変更され，法的債務には約束的禁反言の原則が含められた。

前述した改訂公開草案で FASB が求められた 2 点に関しては，以下のような説明がなされた。

まず SFAC 第 6 号および SFAS 第 5 号で用いられた probable に関しては，SFAS 第143号 par. 5において，SFAC 第 6 号の負債の定義において使用されている「可能性が高い」という用語は，SFAS 第 5 号における「可能性が高い」という用語と異なる意味で用いられている。そのため SFAS 第 5 号では，相当程度高い期待があることが要求されるが，SFAC 第 6 号の負債の定義においては，結果が確実なことがほとんどない，不確実の中で経済活動が行われていることを確認しているにすぎないと両者が異なる意味で用いられていることを認めた。

そのうえで「SFAS 第 5 号と SFAC 第 7 号は，不確実性（uncertainty）を別の意味で扱っている。前者は負債が発生しているかどうかの不確実性であり，後者は将来キャッシュ・フローの金額とタイミングについての不

確実性である。SFAS 第143号では，審議会は資産除去債務の測定に確率を組み入れることを決めているので，『可能性が高い』（ほぼ確実）という SFAS 第5号の意味で，その指針を適用することは出来ない」(SFAS 第143号 pars. 13 and 35) とした。すなわち不確実性の取扱いにおいて SFAC 第7号を優先させ，SFAS 第5号の指針を取り入れることができないことを明らかにした。

以上により，SFAS 第143号においては，改訂公開草案にあった B の条件は削除され，負債の範囲（④）は「法的債務のみ」となり，その過程の中で負債の当初認識（⑤）は，公正価値へと変更された。

この一連の経過から FASB のスタンスとして，国際的な会計基準とのコンバージェンスの中においても「公正価値」の採用に重きを置いていることが伺える。負債の当初認識（⑤）に関しても，わが国の資産除去債務会計基準や IASB の IAS 第16号が採用する割引価値ではなく，公正価値と明記している。これは FASB の SFAS 第143号の特徴の一つであり，この流れは，IAS 第37号改訂案（2005）にも引き継がれようとしている。結果的に2000年2月改訂公開草案を公表する直前に出された SFAC 第7号の役割は大きく，資産除去債務の当初認識を公正価値とすることの要因となったといえよう。

実際 FASB は，公正価値以外にも2つの代替案を検討していた。ひとつは，企業固有の測定を用いる方法であり，もうひとつはコスト集積による測定である。

企業固有の測定については，SFAS 第143号 B37項において，その仮定には企業が予測する決済方法および決済において間接費やその他の内部コストという企業それぞれの裁量が反映されることを理由に不採用としている。一方，コスト集積による測定はリスク・プレミアムに関する過程を含まず，公正価値と比較して市場参加者が行う予測キャッシュ・フローなど追加的な仮定を持ち込まないという点においては，公正価値に対する優位

性を持つものであった。

　しかしFASBはコスト集積による測定について，「会計慣行であって市場を再現する試みではなく，本質的に恣意的な規則になってしまい，比較優位性を欠く」（SFAS第143号B40-41項）とし公正価値を採用した。これは公正価値という結論が先立つとも取れる展開であり，わが国の資産除去債務会計基準やIASBのIAS第16号との相違点として残った。

　ここまで，米国のSFAS第143号の公表までの議論を見てきた。米国での最大の論点であった，推定的債務に関連する項目は，日本では多くは見られなかった。一方，日本での最大の論点であり，本章の最大のテーマである，会計処理の問題，すなわち資産負債の両建処理および引当金処理については，逆に米国では，図表3-2の負債計上の会計処理（⑥）からもわかるように当初公開草案より資産負債の両建処理が採用されることが決まっていた。これは米国では，すでに1970年代にアメリカ会計学会（American Accounting Association：AAA）において，除去費用に関して引当金と資産の減額を組み合わせた会計処理が発表された例もあり[26]，また実際にも資産除去債務に類似した除去費用を負債に計上しようと試みた事例もある[27]。

　このようなことから，わが国と比較して資産負債の両建処理に対する抵抗感は少なかったためと推測できる。

2.3　SFAS第143号公表後の経過

　2001年6月に公表されたSFAS第143号は，7年間紆余曲折しながらも結論を得ることができた。しかし，公表後に様々な問題が生じており，それは非金融負債会計の蓋然性要件の削除の議論に関連するものであり，現在も続いている。よって，SFAS第143号公表後の負債計上に関する問題点とその対応を，以下で見ていくことにしたい。

　2005年6月FASBは，FASB解釈指針第47号「条件付資産除去債務に関

する会計処理―FASB SFAS 第143号の解釈指針[28]」(以下,「FIN 第47号」という)を公表した。条件付資産除去債務(conditional asset retirement obligation)とは,資産除去に関する法的債務の存在は認められるが,その決済の時期や方法が将来事象に依存する債務であり,SFAS 第143号 A23項の取扱いを明確化したものである[29]。

　SFAS 第143号の公表後,この条件付資産除去債務の会計処理が会計実務において統一されていないことが判明した。すなわち,不確実性の位置づけを,公正価値の測定に反映させる企業もあれば,SFAS 第5号で使用される意味において,特定の方法により特定の時期に決済される「可能性が高い」と判断された場合にのみ反映させる企業もあり,また実際の除去まで負債を認識しない企業もあるなど,実務上の対応が分かれていた。

　これに対して FASB は FIN 第47号において,資産除去債務の決済の時期または方法(あるいはその両方)に不確実性がある場合でも,資産除去活動を行う義務は条件付ではないことを理由に,負債の公正価値を合理的に見積もることができる場合[30]には,これを認識しなければならないとした。つまり,資産除去債務の決済の時期または方法(あるいはその両方)に関する不確実性は,公正価値の測定値に反映させることが明確にされた。

　続いて2006年9月 FASB は SFAS 第157号「公正価値の測定[31]」を公表した。その par. 5において,負債の「公正価値」は,測定日における市場参加者の間の通常の取引において移転のために支払われる価格であるとされる。これは,交換価格の考え方によるものであり,強制されたり清算されたりするときに使用されるものではない。

　SFAS 第157号 E23.b により改正された SFAS 第143号 par. 8には「期待現在価値による方法は,資産除去債務の公正価値を見積もるうえで,通常適切と考えられる唯一の方法であり,この方法を用いる場合,期待キャッシュ・フローをリスク・フリー・レートに信用リスクを調整した利率を使用して割り引く。したがって,企業の信用度の影響は,見積キャッシュ・

フローではなく，割引率に反映される」と規定された。つまり，あくまでも公正価値評価を行うために期待現在価値を用いることが正当化・明文化された[32]。

このようにSFAS第143号は，その公表後においてFIN第47号およびSFAS第157号によりその運用が定められて行った。

3 IASBにおける資産除去債務に関連する基準

前述したとおりIASBは，わが国の資産除去債務会計基準や米国のSFAS第143号のように資産除去債務に関して独自の会計基準を持たない。つまりわが国の資産除去債務会計基準が整合性を要求される会計基準は，現行の会計基準でいえば，IAS第16号「有形固定資産」（*Property, Plant and Equipment*：以下「IAS第16号」という）およびIAS第37号（1998）となる。これらの会計基準に関する規定は，米国のSFAS第143号の公表までの過程と密接に関連しており，それらを時点別にまとめた図表3-3で確認しながら，以下の内容を見ていくことにする。

ポイントとなる内容は2点である。

ひとつはIAS第16号の二度の改訂（1998年および2003年）により取得原価に含まれる付随費用の範囲を変容させたことである。これはFASBのSFAS第143号の導入前後に行われ歩調を合わせ，資産負債の両建処理を会計処理として正当化することを可能にしたという点である。しかしその変容によりIASBは，資産の定義との内部矛盾を引き起こすことになる。

もうひとつはIAS第37号（1998）の引当金に関する規定が，その解釈の広さ（曖昧さ）でSFAS第143号との整合性を保っているという点である。しかしこれも明確な会計基準であることが求められ，IAS第37号改訂案（2005）を出すことになるのである。

またこれらは，資産除去債務の資産計上および負債計上の認識や測定に

おいて理論的な拠り所とされるものであり,後述する会計処理の検討と関連するのである。

3.1 IAS 第16号における取得原価概念の変容

菊谷 (2007) に基づく図表3-3によれば[33]，1993年12月，IASBの前身であるIASCにより，IAS第16号「有形固定資産の会計処理」はIAS第4号「減価償却の会計処理」を統合され，IAS第16号「有形固定資産」に改称・改訂された。有形固定資産の取得原価は購入対価および付随費用から構成されるが，IAS第16号「有形固定資産」において，購入対価は値引・割戻しを控除した購入価格とする概念に変更はない。しかし，付随費用に関しては，その範囲について以下のような変遷が見られる。

1982年当初および1993年 IAS 第4号統合時における IAS 第16号が示す付随費用の範囲は，a 整地費用，b 当初の搬入費・取扱費，c 据付費，d 建築技師・エンジニア等の専門家に対する報酬であり，稼働可能な状態に

図表3-3 IAS 第16号・IAS 第37号（IASB）および SFAS 第143号（FASB）の公表・改訂

年　月	基準の公表および改訂の内容
1976.10	IAS 第4号「減価償却の会計処理」公表
1982.3	IAS 第16号「有形固定資産の会計処理」公表
1993.12	IAS 第16号「有形固定資産」公表（IAS 第4号と統合）
1996.2	SFAS 第143号当初公開草案を公表
1998.9	IAS 第16号1998年改訂（同年4月，7月に改訂され9月に公表） ＜改訂内容＞取得原価の付随費用となる項目を追加 IAS 第37号「引当金，偶発負債および偶発資産」公表
2000.2 2001.6	SFAS 第143号改訂公開草案を公表 SFAS 第143号公表
2004.3	IAS 第16号2003年改訂（2003年12月改訂され2004年3月に公表） ＜改訂内容＞付随費用の項目から引当金に関する規定を削除
2005.6	IASB が IAS 第37号改訂公開草案を公表

(出所：菊谷 (2007, pp. 33-34) を参考に，筆者が加筆を行い作成)

するための直接付随費用のみであった[34]。このため資産除去債務のような解体・除去費用および原状回復に要する費用は取得原価に含めていなかった。それが1998年の改訂において，下記の e が追加された[35]。

  e IAS 第37号「引当金，偶発債務および偶発資産」により引当金(provision) として認識される範囲内で，当該資産の解体・撤去および敷地の原状回復に関する見積費用

 すなわち限定的ながら，取得原価に算入できる付随費用の範囲を，当該資産を稼働できるまでに必要とされる費用から，引当金と認識されれば当該資産の解体・撤去と敷地の原状回復に関する見積費用を直接付随費用に含めることが可能となった。この e が追加されたことは，取得原価の範囲が単に拡大したということだけでない。解体・除去費用および原状回復に要する費用について引当金の認識要件をあてはめている点に大きな意味がある。
 この点に着目すると，折しもこの改訂が公表された1998年頃，米国のSFAS 第143号は当初改訂草案を公表し審議は進行中であった。そのため資産除去債務に関する規定は何も結論付けられていなかった。つまりこの段階では IASB は独自に付随費用の規定を定めることが可能であった。すなわち IASB 本来の思考は，この1998年の改訂案の e にあるのではないかとの結論に達するのである。
 しかし IAS 第16号は，二度目の改訂（2003, par. 16）において，その原型はとどめながらも，有形固定資産の取得原価について，以下の(a)～(c)のように規定を一部変更した。

 (a) 値引・割戻し控除後の購入価格（輸入関税と還付されない取得税を含む）

(b) 当該資産の設備費，経営者が意図した方法で稼働可能にするために必要な状況におくための直接付随費用

(c) 当該資産の解体・撤去費および敷地の原状回復費，取得時または特定期間に棚卸資産を生産する以外の目的で当該有形固定資産を利用した結果生じる債務の当初見積額

(a)購入対価，(b)直接付随費用に関しては，当初より変更は見られない。それに対して(c)解体・撤去および原状回復に関する費用について，1998年の改訂eと比較すると，有形固定資産の取得原価に将来の解体・撤去等の見積費用が算入することについては変わりないが，引当金の認識要件に照らし合わせる部分が削除されていることがわかる。さらに引当金に変わり使用されている「当初見積額」という文言からは，資産負債の両建処理か引当金処理のいずれを妥当とするものかは判断がつかなくなっている。これは，二度目の改訂（2003年）が，2001年6月のSFAS第143号の公表後ということもある。そこで米国での資産負債の両建処理による会計処理の決定を受けて，引当金に関する規定を削除したのではないだろうか。

このようなIAS第16号における二度の改訂（1998年および2003年）に見る「取得原価概念の変容」は，FASBのSFAS第143号の導入前後に行われたものである。しかしこの変容は，IASCの概念フレームワークにおける資産の定義との内部矛盾を引き起こす。

3.2 IAS第37号（1998）における引当金の概要

ここでは前述のIAS第16号1998年改訂において取得原価の付随費用となる項目として挙げられたeの「IAS第37号『引当金，偶発負債および偶発資産』により引当金（provision）として認識」という部分に着目し，同時期に公表されたIAS第37号（1998）における引当金の概要を考察する。

あらためて IAS 第37号（1998）は，引当金を「時期または金額が不確定な負債」であると定義し，「企業が過去の事象の結果として現在の債務（法的または推定的）を有しており，当該債務の決済のために，経済的便益を持つ資源の流出が必要となる可能性が高く，当該債務の金額について信頼性のある見積りができる」を認識要件としている。この規定から考えれば，仮に資産除去債務が負債の定義に合致し，さらに引当金の認識要件を満たすならば，通常会計処理としても引当金処理が行われるはずである。つまり，引当金として負債計上するとともに，それに対応する除去費用は費用計上される。

しかし，前述したとおり IAS 第37号（1998, par. 8）では，「他の基準で，支出を資産とするか費用とするかについて定めている。これらの論点は，本基準では取り扱ってない。したがって，本基準は，引当金が設定されたときに認識された費用を資産化することについて禁止もしなければ要求もしない」と規定されている。つまりこの規定は資産負債の両建処理と引当金処理に関する優劣や禁止について言及していない。

IAS の規定がこのように広義に解釈できる（曖昧な）記述を採っていることは，他の国際的な会計基準とのコンバージェンスを容易にし，基準を適用する国などが多くなった場合においても，曖昧さを残すことで各国での適用をも容易にする利点を持つといえる。

一方で他の会計基準との整合性を明確に示しづらいという問題点もある。また同様に IAS の規定は，資産除去債務に関連して資産負債の両建処理を検討する際など，資産除去債務に関する資産計上の論点が IAS 第16号に規定され，負債計上の論点は IAS 第37号に分かれているため，両者を包含する SFAS 第143号などと比べて，理論的な整合性のバランスがとりづらいと言える。

FASB は2001年6月に SFAS 第143号の設定以降は，大きな改訂や負債の基準との統合などの動きは見せていない。一方 IASB は，IAS 第37号改

訂案（2005）を公表することになり，引当金の問題も含めて非金融負債の問題として取り組むことが，求められたのである。

4 認識範囲に関する企業会計基準委員会の見解とその特徴

本節では，わが国の資産除去債務会計基準の公開草案などによせられたコメントや当時の論文に対し，企業会計基準委員会がどのように見解を出し，結論を導きだしたのかを項目別に取りあげることで，企業会計基準委員会の基本的考え方を明らかにしたい。

4.1 認識範囲に関する企業会計基準委員会の見解

資産除去債務の定義は，基準第3項(1)において「有形固定資産の取得，建設，開発または通常の使用によって生じ，当該有形固定資産の除去に関して法令または契約で要求される法律上の義務およびそれに準ずるものをいう」とされる。この定義より推測される資産除去債務の認識範囲に関して企業会計基準委員会の考え方が表れている箇所を図表3-4に列挙した。企業会計基準委員会は，「法律上の義務およびそれに準ずるもの」という範囲を限定するにあたって次のようないくつかの見解を示している。

まず，公開草案コメント3として寄せられた「対象範囲を限定すべきではない」という広義に解釈を求めるコメントに関しては，財務諸表の比較可能性の観点および国際的な会計基準との関係から意見を退けている。財務諸表の比較可能性という観点からの考察は，国内のみならず米国やEU域内などにおける比較可能性を含むと考えると，コンバージェンス以外の正当な会計上の理由は存在しない。また逆に，対象範囲を限定しないということ，すなわち「すべての範囲を含む」ことが比較可能性を有するという見方もある。

また同じく公開草案コメント3の「企業の社会的義務としての除却」に

図表3-4 認識範囲に関する企業会計基準委員会の見解

コメント・意見など	企業会計基準委員会の見解
・対象範囲を限定せず含めるべき（公開草案コメント3より） ・「企業の社会的義務としての除却」を含めるべき（公開草案コメント3より）	・会計基準の範囲を定めることは，財務諸表の比較可能性の観点から当然要求されることである。国際的な会計基準においても，資産除去債務の会計基準についてその範囲を定めている（公開草案コメント3回答より）。 ・有形固定資産の除去が企業の自発的な計画のみによって行われる場合は，法律上の義務に準ずるものには該当しない（基準第28項）。
・法律上の義務に限定すべきという意見	・企業が負う将来の負担を財務諸表に反映することが投資情報として有用であるとすれば，それは法令又は契約で要求される法律上の義務だけに限定されない（基準第28項）。 ・国際的な会計基準においても必ずしも法律上の義務に限定されていない（基準第28項）。
・法律上の義務に準ずるものの定義	・法律上の義務に準ずるものとは，債務の履行を免れることがほぼ不可能な義務を指し，法令又は契約で要求される法律上の義務とほぼ同等の不可避的な義務が該当する。具体的には，法律上の解釈により当事者間での清算が要請される債務に加え，過去の判例や行政当局の通達等のうち，法律上の義務とほぼ同等の不可避的な支出が義務付けられるものが該当すると考えられる（基準第28項。）
・対象範囲の限定により，有形固定資産を「遊休状態で放置」することが考えられる（公開草案コメント3より）	・有形固定資産を「遊休状態で放置」することができるということは，除去に関連する法的義務がないということであるため，資産除去債務は認識されないものと考えられる（公開草案コメント3回答より）。
・禁反言の原則も法律上の義務に準ずるものとして資産除去債務に含めることを明示すべき（公開草案コメント4より）	・会計基準（案）第28項において法律に準ずる義務として定めがあり，これらの考え方を踏まえ適用対象になるか否かを総合的に判断することを期待しているのであり，ある個別の事象を捉えてその性格を決定づけることは適切でないと考える（公開草案コメント4回答より）。

（資産除去債務会計基準，公開草案，コメントに基づき，筆者作成）

関しては基準第28項において企業の自発的な計画のみによって行われる場合は該当しないことを規定し，範囲が拡大解釈されることを防いでいる。

しかし，なぜ含まないのかという記述はない。

　一方で「法律上の義務に限定すべき」という意見に関しては，「企業が負う将来の負担を財務諸表に反映することが投資情報として有用であるとすれば，それは法令または契約で要求される義務だけに限定されない」(基準第28項)としている。「法律上の義務」を範囲とすること，またそれを定義づけることは比較的容易で客観性を有するが，「法律上の義務に準ずるもの」についてそれが容易ではないことは前述のSFAS第143号の議論で確認済みである。

　さらに同項では「債務の履行を免れることがほぼ不可能な義務を指し，法令または契約で要求される法律上の義務とほぼ同等の不可避的な義務が該当する。具体的には，法律上の解釈により当事者間での清算が要請される債務に加え，過去の判例や行政当局の通達等のうち，法律上の義務とほぼ同等の不可避的な支出が義務付けられるものが該当すると考えられる」と規定している。しかし文章中の「ほぼ不可能な義務」「法律上の義務とほぼ同等」や文末の「該当すると考えられる」という文言の曖昧さは，個々のケースでの判断を企業に委ね，最終的には事例ごとに法的な判断をすることを意味するであろうか。

　また対象範囲の限定により有形固定資産を遊休状態で放置することが懸念されるというコメントに関しては，「有形固定資産を『遊休状態で放置』することができるということは，除去に関連する法的義務がないということであるため，資産除去債務は認識されないものと考えられる」と回答しており，法的義務の有無を認識の拠り所にしている。ただ遊休状態で放置することがすなわち法的義務がないとする論法は飛躍があるのではないだろうか。米国でのブラウンフィールド問題は，経済状況の悪化を受け国内でも顕在化しつつあることを考慮すると，将来に向けては，環境法などを含め，この問題に対応することが必要であろう。

4.2 認識範囲に関する国際比較

　企業会計基準委員会の示す「法律上の義務およびそれに準ずるもの」という資産除去債務の範囲は，国際的な会計基準とのコンバージェンスによるところが大きいと思われる。よってここではSFAS第143号やIAS第16号およびIAS第37号（1998）の示す範囲と比較して，その異同や包含関係について検証していく。

　論点整理の【論点１】資産除去債務の範囲7.(2)および8.には，以下のように記されている。

> ７．(2) 米国会計基準における「法的債務」とは，法令若しくは契約の結果または禁反言原則に基づく契約の法律上の解釈により，当事者間で決済することが要請される債務をいう。すなわち，米国会計基準の法的債務の範囲は，法令若しくは契約の結果によるものと比べて多少幅広いものであり，禁反言原則に基づく契約の法律上の解釈により当事者間での清算が要請される義務，すなわち，企業による履行を第三者に合理的に期待させるような約束に基づく義務も法的債務に含まれる。なお，SFAS第144号「長期性資産の減損または処分の会計処理」に規定されている有形固定資産の処分計画のみから生じる債務は適用対象とならない。
>
> ８．国際財務報告基準においては，米国会計基準とは異なり，資産除去債務について個別の基準書はない。しかしながら，国際会計基準（IAS）第16号「有形固定資産」において，有形固定資産の取得原価には，当該資産項目の解体や撤去の費用，敷地の原状回復費用の当初見積額も含まれるとされており，その中には，当該資産項目の取得時に生じる債務に伴うもののほか，特定の期間に棚卸資産を生産する以外の目的で当該資産項目を使用した結果生じる債務に関する費用の見積額も含まれる。また，IAS第37号「引当金，偶発債務

および偶発資産」において，IAS 第37号の負債は，過去の事象の結果としての現在の債務であるとされており，それには法的債務だけでなく推定的債務も含まれる。

　すなわち，いずれの基準も法律上の義務（SFAS 第143号でいう約束的禁反言を除く法的債務）に関しては範囲に含めている。しかし本章1.1で指摘したとおり，わが国の資産除去債務会計基準における「法律上の義務に準ずるもの」は限りなく法的債務に近いものを指す。そのため推定的債務の入る余地はほとんどない。これに対して，SFAS 第143号には推定的債務である約束的禁反言の原則を認識している。さらに IAS 第37号においては推定的債務を含むことが明確に示されている。

　まとめると資産除去債務の認識範囲は，日本の資産除去債務会計基準においては，ほぼ法律上の義務であり，「法令または契約で要求される義務およびそれとほぼ同等の不可避な支出が義務づけられるもの」とされ，最も狭義と解される。米国の SFAS 第143号における範囲も「法的債務」である。しかし「法令若しくは契約の結果によるものまたは推定的債務である約束的禁反言の原則を含む」ため日本の資産除去債務会計基準と比べると推定的債務を含む点で広義である。また IASB については，IAS 第37号より「法的債務および推定的債務」が範囲となり，最も広義なものである。

　また FASB は当初公開草案および改訂公開草案においてその範囲に「推定的債務」を含めていた。このことから本来は IASB と同様の範囲であることが望ましいと考えられていた。これに対し，日本については，そのような議論は見られなかったことは，認識範囲について方向性に違いがあることが推測できる。

　この論点においても企業会計基準委員会は，図表3-4の「（約束的）禁反言の原則も法律上の義務に準ずるものとして資産除去債務に含めることを明示すべき」（公開草案コメント4より，（　）内は筆者が加筆）という

意見に対して，法律上の義務に準ずるものの定義を示したのち「これらの考え方を踏まえ適用対象になるか否かを総合的に判断することを期待しているのであり，ある個別の事象を捉えてその性格を決定づけることは適切でないと考える」としている。つまり，法律上の義務に準ずるものと約束的禁反言の原則との異同や包含関係についても判断は示していない。

4.3 認識範囲に関する企業会計基準委員会の見解の特徴

これまで資産除去債務の認識範囲である「法律上の義務およびそれに準ずるもの」に関して企業会計基準委員会の基本的な考え方を整理し，国際的な会計基準との比較検討を行った。そこから企業会計基準委員会の資産除去債務の認識範囲に関する見解の特徴として以下の2点を挙げることができる。

まずは資産除去債務の認識範囲が不明瞭であることである。

本章4.1で指摘した基準第28項の文言の曖昧さや本章4.2で取り上げた法律上の義務に準ずるものと約束的禁反言の原則との異同や包含関係の判断を避けている。これ以外にも，公開草案コメント1において「実務上の負担を考慮し重要性に関する数値基準を設定し，重要性のない場合には計上対象から除いたり，発生時に即時償却を認めるべき」という意見に対するコメントとして「資産除去債務の重要性は『金額的側面および質的側面』を企業ごとに勘案して判断されるべきで，個別のケースを想定して個々に重要性の取扱いを規定すべき性格のものではない」と見解を示している。

このような企業会計基準委員会のスタンスは，明らかに基準適用後の実務上の混乱を招くことになる。仮にコンバージェンスが最大の理由であるとするならば，コンバージェンスという理由をより明確に示すために具体的事例を示すべきである。示したことにより，すべてが一致しないまでも，それがコンバージェンスの許容範囲内にあることを示すべきではないだろうか。

資産除去債務専門委員会のメンバーであった黒川行治氏は，私見ではあるが以下のように述べている。

「ASBJ の当会計基準では，具体例が列挙されていないので明らかではないが，国際会計基準とのコンバージェンスの一環であれば，前者の会計観に別して，債務の発生と認識する資産除去の義務は限定的であり，①原子力発電施設の解体撤去義務（核原料物質，核燃料物質および原子炉の規制に関する法律），②PCB 廃棄物の無害化処理義務（ポリ塩化ビフェニル廃棄物の適正な処理の推進に関する特別措置法），③アスベストの除去義務（前述），④借地上に建物を建設している場合の原状回復義務（借地借家法等），⑤石油や天然ガスの採掘施設の解体・原状復帰義務，⑥鉱山の採掘跡の埋め戻しおよび植栽，坑井の密閉その他の鉱害の防止義務（採掘跡地に関する法律）等の法律または契約で解体・撤去，原状回復義務が求められているものが，対象範囲として例示できよう。」

上記の事例は，すべて法律上の義務に該当するものであり，事例として資産除去債務会計基準に列挙しても何ら問題は生じない。また，国際的な会計基準との整合性もある。むしろ，このように限定列挙することで実務上の混乱は解消されるのである。しかも他の基準と比較してわが国の資産除去債務会計基準における資産除去債務の範囲は狭義であるため将来その範囲が拡大した場合など，他の基準との整合性を保ちにくいと考えられ，それも懸念材料のひとつである。

もうひとつの特徴は，推定的債務に関しての議論がほとんど見当たらないことである。もちろん SFAS や IAS の既存の会計基準を受けて，あとから検討するという観点からすれば，結論として推定的債務を含まないとするのが妥当である。

しかし，FASBやIASBとも推定的債務を含めることに関しては積極的であるし，むしろ両者の思考はそこにあるのではないだろうか。わが国の場合，企業会計基準委員会が論点整理や公開草案で取り扱わないこともあり，当然コメントは少なく議論にあがってこない。たとえば，将来環境会計が財務会計領域において環境負債として認識を求める範囲は拡大していくことも想定される。そのため米国のようにその議論を早いうちに喚起しておくことは有用であったのではないだろうか。

5 会計処理に関する企業会計基準委員会の見解

　企業会計基準委員会は，資産除去債務の会計処理に資産負債の両建処理を採用した。「資産負債の両建処理」「引当金処理」のいずれを採用するか，論点整理において会計処理に関する考え方が示されてから，様々なコメントや意見が表明されたが，それを勘案し結論に至ったのである。ここでは，2つの会計処理に関する企業会計基準委員会の見解を中心に周辺論点も含めて確認していく。

5.1　資産除去債務の全額を負債として計上する理由

　「資産除去債務の全額を負債として計上する理由」についての検討は，論点整理【論点3】24〜28で問題提起され，基準第32項で「資産除去債務の会計処理の考え方」として結論が示されている。
　論点整理【論点3】24〜28を要約すると以下のようになる。ここで論じられていることは，資産除去債務の負債性を検証するとともに，「資産負債の両建処理」「引当金処理」のいずれで会計処理すべきかを理論的に考察するものである。

　　「有形固定資産の除去に関する費用は，本来そのほとんどが将来の

支払金額や支払時期が確定していないため認識されることはないが,それらが,法律上の義務に基づく場合など有形固定資産の除去時に不可避に生じる場合は,その金額が合理的に見積もられることを条件に,資産除去債務の全額を負債として計上することが考えられる。

まず将来の支払金額が固定され,かつ,支払時期が確定している場合として,資産負債の両建処理が用いられてきた。ファイナンス・リース取引の借手側の処理がこれに該当し,リース債務がリース料の総額からこれに含まれている利息相当額の合理的な見積額を控除して負債計上され,リース資産が割引後の金額（割引価額）で資産計上される。

一方,将来の支払金額が固定されないまたは支払時期が確定しない場合は,これまで引当金処理が多く用いられてきた。資産の保守サービス,確定給付型の退職給付制度の下で退職給付として事後的に支払われる労働サービス,オペレーティング・リース取引における資産賃貸サービスがこれに該当し,将来キャッシュ・フローの見積額のうち,その時点までに発生していると見積もられる額をもって負債計上される。

資産除去債務については,将来の支払金額が固定されないまたは支払時期が確定しない場合が通常である。この場合,次の2つの方法が考えられる。

ひとつは引当金処理として,将来キャッシュ・フローの見積額のうち,その時点までに発生していると認められる額をもって,負債を計上することであり,もうひとつの方法として資産負債の両建処理としてファイナンス・リース取引の借手と同様の処理を行うことである。

資産除去債務の将来の支払金額や支払時期が確定しない場合でも,法律上の義務に基づく場合など,資産除去債務の範囲に該当すれば,有形固定資産の除去サービスの支払いが不可避に生じることになるた

め，資産負債両建処理の採用が考えられる。更に環境問題を背景とした資産除去債務の早期認識に対する関心の高まりや将来の負担を財務諸表に反映することは投資情報に役立つといった，負債計上に対する情報ニーズから資産負債両建処理の方がより一層対応したものと考えられ，支持されると考えられる。また企業にとっても不可避的な債務の把握を踏まえた投資意思決定を促進するものであるから，負債計上は意義のあるものであるという意見もある。
　このような理由により，資産除去債務は返済義務のあるものとして負債に該当するものとし，貸借対照表に計上されることとなる。」

すなわち，結論から言えば資産除去債務の負債性は，「法律上の義務に基づく場合」および「合理的な見積額が算定できること」を前提としている。本来論ずるべき会計理論からの検証としては理由に乏しい。また「合理的な見積額を算定できること」は，本来「測定」に用いられる要件であるものを負債の「認識」要件に用いている点も指摘できる。
　他に資産負債の両建処理と引当金処理との比較が論じられている。しかし要約の冒頭にある「有形固定資産の除去に関する費用は，本来そのほとんどが将来の支払金額や支払時期が確定していないため認識されることはない」という思考のスタートラインに着目すると，法律上の義務に基づく場合などの前提を満たすと，すぐにこれをもって資産負債の両建処理により会計処理を行うことが妥当な処理とは言い難い。

5.2　引当金との関係
　次に企業会計基準委員会は，資産除去債務を資産負債の両建処理によって負債に計上する場合，この負債と企業会計原則注解18の引当金とは切り離して整理されるべきと考えている。
　つまり，会計処理における貸方科目として資産負債の両建処理により計

上されるケースと，引当金処理により計上されるケースでは意味が異なるとしており，資産除去債務の負債性から資産負債の両建処理が妥当であると指摘している。

佐藤信彦（2007）は，このように資産除去債務と企業会計原則注解18の引当金を比較すること自体に問題ありと指摘している[36]。つまり，論点整理の【論点1】「資産除去債務の範囲」では義務を基礎に説明しながら，【論点3】では引当金のうち注解18の引当金と資産除去債務の関連性を論じている。よってこの場合の引当金も義務を基礎に置く引当金を比較対象とすべきというものであり，この指摘は同意できるものである。

【論点3】29～31によると，企業会計原則注解18の引当金とは，収益費用の対応概念を根拠として，将来的に発生する可能性が高い支出が当期以前の事象に起因している場合における各期の負担に属する額の繰入残高と規定されている。そのため仮に資産除去債務を「将来の支払金額が固定され，かつ，支払時期が確定している場合」と見た場合，ファイナンス・リース取引と同様の状態となる。そのため，その経済的実態がリース物件を売買したものと認められる。故に当期の負担に属する繰入額に対応する貸方項目である引当金とは切り離して整理されるべきとしている。

一方「将来の支払金額が固定されないまたは支払時期が確定しない場合」は引当金処理が行われて来たケースが多かった。しかし，資産除去債務として負債計上を行う場合，それは「費用性」の観点から計上される引当金ではなく，情報ニーズに対応した「負債性」の観点から計上されるものであるため，引当金とは切り離して整理されるべきとしている。

このことから企業会計基準委員会は資産負債の両建処理および引当金処理を，会計観（会計思考）で用いられる資産負債中心観および収益費用中心観に当てはめて考えていることがわかる。つまり資産負債の両建処理は「負債性」を重視した資産負債中心観，引当金処理は「費用性」を重視した収益費用中心観の思考に基づくものと捉えている。

また修繕引当金との関係については,【論点3】33において,資産除去債務と類似の性格を有することは認めている。しかし修繕引当金は負債性の有無に問題があることなどから,資産除去債務に焦点をあてることを優先するため,有形固定資産の修繕自体を対象外としている。

5.3 資産負債の両建処理を採用した理由

本節のここまでの議論を受けて,基準第32項では,「法律上の義務に基づく場合など,資産除去債務に該当する場合には,有形固定資産の除去サービスに係る支払いが不可避的に生じることに変わりはないため,たとえその支払いが後日であっても,債務として負担している金額が合理的に見積られることを条件に,資産除去債務の全額を負債として計上し,同額を有形固定資産の取得原価に反映させる処理(資産負債の両建処理)を行うことが考えられる」としている。

またこれを前提に基準第34項では「有形固定資産の取得等に付随して不可避的に生じる除去サービスの債務を負債として計上するとともに,対応する除去費用をその取得原価に含めることで,当該有形固定資産への投資について回収すべき額を引き上げることを意味する。この結果,有形固定資産に対応する除去費用が,減価償却を通じて,当該有形固定資産の使用に応じて各期に費用配分されるため,資産負債の両建処理は引当金処理を包摂するものといえる。さらに,このような考え方に基づく処理は,国際的な会計基準とのコンバージェンスにも資するものであるため,本会計基準では,資産負債の両建処理を求めることとした」と結論付けた。

さらに基準第41項において資産負債の両建処理は,「有形固定資産の取得に付随して生じる除去費用の未払の債務を負債として計上すると同時に,対応する除去費用を当該有形固定資産の取得原価に含めることにより,当該資産への投資について回収すべき金額を引き上げることを意味する。すなわち,有形固定資産の除去時に不可避的に生じる支出額を付随費用と同

様に取得原価に加えた上で費用配分を行い，さらに，資産効率の観点からも有用と考えられる情報を提供するものである」としている。

これらの資産負債の両建処理を採用した理由を挙げている基準第32項，第34項，第41項に共通するのは，いずれも資産除去債務に係る支出額が「不可避的」に生じる点，および資産除去債務にかかる除去費用が「取得原価」であることを強調している点である。

つまり，国際的な会計基準とのコンバージェンスという大義名分もある。しかしそれ以外に法律上の義務に基づく場合などを前提として資産除去債務に係る支出額は「不可避的」に生じるため負債計上され，付随費用として「取得原価」とみなされ資産計上されるという論理で，資産負債の両建処理の採用理由として成り立たせているのである。

5.4 引当金処理を不採用とした理由

論点整理が公表された段階から企業会計基準委員会の立場は，引当金処理には不利なものであった。

論点整理第23項の文末には「コメント等を踏まえて決定する」と記述されているものの，同項冒頭には「資産除去債務の負債計上が不十分であるという指摘や国際的な会計基準とのコンバージェンスの観点を考慮すると資産負債の両建処理を採用することになる」との前置きがあることからも推測できる。

また基準第32項において「有形固定資産の除去に係る用役（除去サービス）の費消を，当該有形固定資産の使用に応じて各期間に費用配分し，それに対応する金額を負債として認識する考え方がある。このような考え方に基づく会計処理（引当金処理）は資産の保守のような用役を費消する取引についての従来の会計処理の考え方に採用される処理である。このような考え方に従うならば，有形固定資産の除去などの将来に履行される用役について，その支払いも将来において履行される場合，当該債務は通常，

双務未履行であることから，認識されることはない」と，論点整理における議論の導入とは全く逆に，双務未履行を引当金処理の不採用の理由としている。

論点整理第24項においては双務未履行の場合，従来多く用いられたのが引当金処理であったはずである。この逆転した理論展開を可能にしたのは，やはり「法律上の義務およびそれに準ずるもの」「合理的に金額を見積もることができる場合」という要件であろう。

これとは逆に企業会計基準委員会の見解において，引当金処理の採用を考慮・評価したと考えられる点について，以下の2点を紹介する。

まず従来の会計処理法としての引当金処理を評価するという点で，論点整理第22項において「すでに引当金処理を採用し，引当金計上の実績がある場合に，今後，資産負債の両建処理を採用しなければならないのかということについて十分に議論すべきではないかとの意見もある」としている。つまり少なくとも1990年代以前において引当金処理は，国際的な会計基準とも整合性を持っていたはずである。

引当金処理が広く採用されなかったことについて，基準第22項は「電力業界で原子力発電施設の解体費用につき発電実績に応じて解体引当金を計上しているような特定の事例は見られる」と表現している。さらに基準第31項において，「引当金処理は，計上する必要があるかどうかの判断規準や，将来において発生する金額の合理的な見積方法が必ずしも明確ではなかったことなどから，これまで広くは行われてこなかったのではないかと考えられる」と引当金の認識基準や測定には合理的な見積といった曖昧さがあったと指摘している。

しかしこれらの問題点は，有形固定資産の除去費用という将来の費用の認識・測定に関して一般の企業に適用できる会計基準が存在しなかったことに他ならない。引当金に関する明確な会計基準を設定することで問題は解消されると考えられる[37]。つまり引当金処理は，既存の会計基準のル

ールの中では，最善の会計処理であったとも言える。

　次に論点整理第22項では「いずれの会計処理であっても，費用計上の観点から検討すると，資産負債の両建処理においても有形固定資産の減価償却費の計上により引当金処理と同様の費用計上を行うことができる場合には，損益計算書への影響は限定的である。しかし減価償却は，合理的に決定された一定の方式に従い，毎期計画的，規則的に実施されるものであるため，有形固定資産の除去サービスをその使用に応じて適切に各期に費用計上するという引当金処理の結果と異なる可能性があり，その影響を勘案すべきとの意見がある」とも指摘している。

　つまり，毎期引当金として費用計上しそれを負債計上する方法と，使用期間にわたって当初の会計処理に資産除去債務の見積もり変更を行う方法は，損益計算上大きな差異はないことを指す。しかし，引当金処理には見積方法の明確な規定はないこと，また資産負債の両建処理に関しては，減価償却という毎期規則的に償却を行うことが会計処理として適切なのかという点において一長一短である。会計処理に関しては，本章7で仕訳処理の事例を含めて考察を行う。

5.5　除去費用の資産計上と費用配分

　会計処理の選択を検討する上で，資産負債の両建処理には重要な論点が残されている。それは本章において幾度となく触れた，負債として認識された除去費用の資産計上（資産性の有無）である。

　企業会計基準委員会は，基準第33項において「引当金処理に関しては，有形固定資産に対応する除去費用が，当該有形固定資産の使用に応じて各期に適切な形で費用配分されるという点では，資産負債の両建処理と同様であり，また，資産負債の両建処理の場合に計上される借方項目が資産としての性格を有しているのかどうかという指摘も考慮すると，引当金処理を採用した上で，資産除去債務の金額等を注記情報として開示することが

適切ではないかという意見もある」としている。

さらに基準第32項において，資産除去債務に対応する除去費用を資産として計上する場合にも「当該除去費用の資産計上額が有形固定資産の稼動等にとって必要な除去サービスの享受等に関する何らかの権利に相当するという考え方や，将来提供される除去サービスの前払い（長期前払費用）としての性格を有するという考え方から，資産除去債務に関連する有形固定資産とは区別して把握し，別の資産として計上する方法も考えられた」として，付随費用として有形固定資産の取得原価に加える以外の方法もあったことを明らかにした。

その上で同項において「しかし，当該除去費用は，法律上の権利ではなく財産的価値もないこと，また，独立して収益獲得に貢献するものではないことから，本会計基準では，別の資産として計上する方法は採用していない。当該除去費用は，有形固定資産の稼動にとって不可欠なものであるため，有形固定資産の取得に関する付随費用と同様に処理することとした」と結論づけるに至った。

以上のように，企業会計基準委員会は，自ら除去費用の資産性に疑問を呈したものの，取得原価の付随費用の要件に該当することおよび無形固定資産や長期前払費用を消去法により選択肢から外すことで，有形固定資産として計上することにした[38]。

次に除去費用の費用配分の論点からは，次の2点が取り上げられている。

ひとつは，資産除去債務の対象となる有形固定資産が土地である場合の費用配分である。

土地に関する意見やコメントとしては「資産計上された除去費用が有形固定資産の減価償却を通じて各期に費用配分されるとすると，土地に関連する除去費用（土地の原状回復費用等）は当該土地が処分されるまでの間，費用計上されないのではないかという意見もある」（基準第45項）や「資産除去の発生原因が土壌汚染の場合有害物質の除去費用が土地そのものに

帰属するケースが想定されるため，土地勘定（非償却資産）のみに関する規定の必要性の検討を要請するコメント（公開草案コメント36）が挙がった。

これらに対し企業会計基準委員会は，意見に関しては基準第45項において「土地の原状回復等が法令または契約で要求されている場合の支出は，一般に当該土地に建てられている建物や構築物等の有形固定資産に関連する資産除去債務であると考えられる。このため，土地の原状回復費用等は，当該有形固定資産の減価償却を通じて各期に費用配分されることとなる」とした。またコメントの回答としては「土地の汚染除去の義務が通常の使用によって生じた場合で，それが当該土地に建てられている建物等の資産除去債務と考えられるときには，会計基準によって会計処理をする必要がある」と見解を述べている。

しかし，一連の見解は，土地について適用がある場合，他の償却性資産と合わせて発生することが前提となっており，コメントに対する適切なものとは言えないものである。会計実務上は，資産除去債務会計基準の適用の決め手となる「法律」に何が適用されるかが論点となる。

廣田裕二（2008）によれば土壌汚染対策法が適用された場合「法律上の義務」が認められるものは，汚染地として確認できている土地の数％程度であるが認識されるという。また適用される法律が増えたり法律が厳格化されることにより，土地に資産除去債務が該当するケースが増えると予想されるため，土地勘定に関する規定は将来に向けて検討されるべきであろう[39]。

もうひとつの論点は，資産除去債務が「使用の都度発生する場合」の費用配分の取扱いである。

基準第8項では，「資産除去債務が有形固定資産の稼働等に従って，使用の都度発生する場合には，資産除去債務に対応する除去費用を各期においてそれぞれ資産計上し，関連する有形固定資産の残存耐用年数にわたり，

各期に費用配分する。なお，この場合には，上記の処理のほか，除去費用をいったん資産に計上し，当該計上時期と同一の期間に，資産計上額と同一の金額を費用処理することもできる」と規定している。

つまり，資産除去債務が使用の都度発生する場合は，原則として残存耐用年数で費用配分する方法を用いながらも，いわゆる即時費用化も例外として認めることとなった。これに関しては，米国の会計基準との整合性として両方を認めていることもある。またもともと使用の都度という想定自体，例外的と考えているため，大勢に影響しないと考えたためであろう。

しかし，両方の処理を認めることは，損益計算に大きな影響をあたえるとの指摘もある。引当金処理と資産負債の両建処理はいずれを選択しても損益計算に大きな影響を与えないことを採用の理由に挙げた論点整理第22項の思考とは矛盾する。

さらにこの即時費用化の会計処理は，引当金処理と相似しており，その処理を容認することは，資産除去債務会計基準が，資産負債の両建処理を原則としながらも引当金処理を併用していることに他ならないのである。

6 会計理論からの考察

これまでの資産除去債務の会計処理に関する議論を踏まえ，先行研究に基づいて会計理論からの考察を行う。

まずは論点整理【論点3】で取り上げられた「負債と引当金の関係」を明らかにする。資産除去債務会計基準によれば資産除去債務は負債として認識される。そのため，資産除去債務を引当金処理する場合，引当金が負債に該当することが必要条件となるためである。

次いで，基準第33項で取り上げられた「除去費用の資産性」を明らかにする。資産除去債務を資産負債の両建処理する場合，この点が会計理論上で証明されることが必要条件となるためである。

また「資産負債の両建処理」「引当金処理」は会計理論上いかなる性質を持っているのか，前節で取り上げた資産負債中心観や収益費用中心観を用いて検証していく。

6.1 負債・資産の定義および鍵概念

本題に入る前に各基準における負債[40]・資産の定義と鍵概念を確認しておく。

わが国の企業会計基準委員会の『討議資料　財務会計の概念フレームワーク』によると，負債とは「過去の取引または事象の結果として，報告主体が支配している経済的資源を放棄もしくは引き渡す義務，またはその同等物」であり，資産とは「過去の取引または事象の結果として，報告主体が支配している経済的資源」と定義される。負債および資産に共通する鍵概念は「経済的資源」であり，これはキャッシュの獲得に貢献する便益の集合体を指す。

次にIASB『財務報告に関する概念フレームワーク』における負債とは「過去の事象から発生した特定の企業の現在の債務であり，これを履行するためには経済的便益を有する資源が当該企業から流出すると予想されるもの」であり，資産とは「過去の事象の結果として特定の企業が支配し，かつ，将来の経済的便益が当該企業に流入すると期待される資源」と定義される。鍵概念は「（将来の）経済的便益」であり，企業への現金および現金同等物の流入に直接的にまたは間接的に貢献する潜在能力を指す。

最後に米国の概念フレームワークに相当する，SFAC第6号「財務諸表の構成要素」における負債とは，「過去の取引または事象の結果として，特定の実体が，他の実体に対して，将来，資産を譲渡しまたは用役を提供しなければならない現在の債務から生じる，発生の可能性の高い将来の経済的便益の犠牲」であり，資産とは「過去の取引または事象の結果として，ある特定の実体により取得または支配されている，発生の可能性の高い将

第3章 非金融負債会計と資産除去債務　87

図表3-5　ASBJ・IASB・FASBにおける概念フレームワークにおける負債および資産の定義

	ASBJ	IASB	FASB
負債	過去の取引または事象の結果として、報告主体が支配している経済的資源を放棄もしくは引き渡す義務、またはその同等物	過去の事象から発生した特定の企業の現在の債務であり、これを履行するためには経済的便益を有する資源が当該企業から流出すると予想されるもの	過去の取引または事象の結果として、特定の実体が、他の実体に対して、将来、資産を譲渡しまたは用役を提供しなければならない現在の債務から生じる、発生の可能性の高い将来の経済的便益の犠牲
資産	過去の取引または事象の結果として、報告主体が支配している経済的資源	過去の事象の結果として特定の企業が支配し、かつ、将来の経済的便益が当該企業に流入すると期待される資源	過去の取引または事象の結果として、ある特定の実体により取得または支配されている、発生の可能性の高い将来の経済的便益
鍵概念	経済的資源	(将来の) 経済的便益	将来の経済的便益

(出所：斎藤 (2007, pp. 256-257) より)

来の経済的便益」と定義される。共通する鍵概念は、「将来の経済的便益」であり、最終的に当該営利企業への正味キャッシュ・インフローをもたらすことを指す[41]。

ここまでをまとめたものが、図表3-5である。

各基準の比較について斎藤静樹 (2007) は、日本の負債および資産の鍵概念である「経済的資源」をキャッシュの獲得に貢献する便益の集合体と考えると各基準に大きな差はないとする。また資産の定義において、過去の事象の結果、報告主体による支配、経済的資源を要件とする点で同じであり、負債の定義においても、過去の事象の結果、経済的資源の犠牲、義務などを要件とする点では同じであると指摘する[42]。

また相違点について斎藤 (2007) は、日本の負債の定義には「同等物」を含んでいるが、これは法律上の義務に準じるものが含まれるという意味

であり，FASBにおける「債務」の解釈（推定債務を含む）と整合的であるとしているとしている[43]。

ちなみに企業会計基準委員会は前節の見解として「法律上の義務およびそれに準ずるもの」とFASBの法的債務（約束的禁反言の原則を含む）が同義であることには，肯定も否定もしていない。

6.2 負債と引当金の関係—引当金処理の検討—

次に各基準における負債の定義と引当金の認識要件の比較を行うことで，負債と引当金の関係を会計理論上明らかにする。なお，いずれも現況において採用されている基準等を用いることにする。

まず米国においては，引当金それ自体を他の負債と区別して論じることはほとんどなく，FASBの概念フレームワークにおいても引当金に相当する項目を特別に取り上げて検討していない[44]。

次にIASBは，IAS第37号（1998）において引当金を「時期または金額が不確実な負債」と定義し，負債に該当するかどうかについては，IASB概念フレームワークの負債の定義に従うとされている。これは2005年に公表されたIAS第37号改訂案（2005）においても同様である。

川村義則（2007）によれば，これは負債の定義と引当金の認識要件には重複する部分が多いためで，引当金の設定要件は一般的な負債の認識要件を援用して若干の具体化が行われているにすぎないとしている。実際IAS第37号（1998）の引当金の要件は，(a)企業が過去の事象の結果として現在の法的または推定的債務を有し，(b)当該債務の決済のために，経済的便益を持つ資源の流出が必要となる可能性が高く，(c)当該債務の金額を，信頼性をもって見積もることができることとされる。それに対して(a)の要件は負債の定義に含まれ，(b)と(c)においては資源の流出が必要となる可能性の高さと信頼性をもって見積もることができることという要件が追加されただけである[45]。

最後に，日本における引当金の設定要件は，企業会計原則注解18に「将来の特定の費用または損失であって，その発生が当期以前の事象に起因し，発生の可能性が高く，かつ，その金額を合理的に見積もることができる場合」と定められている。

この引当金の設定要件を概念フレームワークの負債の定義と比較すると，「将来の特定の費用または損失」は「将来の経済的便益の犠牲」，「その発生が当期以前の事象に起因」は「過去の取引または事象」に相当し，それ以外の引当金の認識要件は更に詳細な負債要件であると藤田敬司（2006）は指摘している[46]。すなわち負債の定義と引当金の認識要件は，同意である部分を除き，引当金の認識要件が負債の定義を狭義にするものであるため，この考え方によれば引当金は負債に含まれることになる。

広瀬義州（2009）は，会計上の引当金を資産の部に記載される貸倒引当金などの「評価性引当金」と負債の部に記載される「負債性引当金」に大別し，さらに「負債性引当金」を「法的債務性」の観点から整理を行い修繕引当金および特別修繕引当金が「法的債務性のない引当金」，退職給付引当金や製品保証引当金などその他の負債性引当金は「法的債務性のある引当金」に分類している[47]。

また広瀬（2009）は負債を属性別に分類しているが，修繕引当金や特別修繕引当金といった「法的債務性のない引当金」はその中の会計上の純負債として位置付けている。すなわちその分類によれば，負債は法的債務と会計上の純負債に分類される。その会計上の純負債として実質優先主義の見地から計上される「リース負債」と並んで，期間損益計算合理化の見地から計上される負債として「法的債務性のない引当金」が挙げられている[48]。この見解によれば，負債に該当する引当金に「法的債務性のない引当金」も含まれることになる。

ここまで負債と引当金について2つの説を取り上げた。

藤田（2006）は抽象的であるが，引当金が負債に包含される関係にある

とし，広瀬（2009）は，評価性引当金を除く負債性引当金すべてが負債に該当するとの立場をとっている。しかし一方で IAS 第37号改訂案（2005）および企業会計基準委員会の公表する「引当金に関する論点整理」では「債務性のない引当金」である修繕引当金や特別修繕引当金を負債から除外する方向である。そのため今後の非金融負債会計の方向性からすれば，企業会計原則注解18との整合性が保たれないため，企業会計原則の改訂を含めた対応が迫られることがわかる。

　一方，川村（2003）は今後の国際的な会計基準のコンバージェンスの観点から興味深い検証として「日本の引当金の設定要件と FASB・IASB の負債の定義」の比較検討を行っている[49]。

　まず，FASB・IASB それぞれの負債の認識要件の共通点を①〜⑤にまとめた上で，検証を行っている。

　　①現在の債務であること
　　②過去の事象に起因していること
　　③将来において経済的便益の移転を伴うこと
　　④蓋然性が高いこと
　　⑤信頼性をもって測定できること

　川村（2003）の検証によれば，企業会計原則注解18における「当期以前の事象に起因し」は②，「発生の可能性が高く」は④，「金額を合理的に見積もることができる」は⑤に対応している。

　「将来の特定の費用または損失」を，①および③と照合すると，まず③について引当金の設定要件には，経済的便益の犠牲の形態が将来における特定の費用または損失の発生に限定されていることであるから，両者は対応していると言える。しかし①と照合することにより，対応関係にはないため，引当金には負債の「現在の債務」という認識要件が欠けているとい

うことがわかるという50)。この相違は，当然わが国の引当金の設定方法が損益法の考え方から導き出されているのに対し，米国や国際会計基準における負債の認識要件は財産法（資産負債観）の考え方から導き出されているという基本的なアプローチの違いに起因していると考えられる。そのため，わが国で引当金として設定されているもののなかには負債の定義にいう「債務」でないものが含まれている可能性があるとも指摘している51)。

つまり，川村（2003）の検証によれば，日本の引当金は負債の定義にある「将来の経済的便益の犠牲」であるが，「現在の債務」ではないことになる52)。これ自体，IASB・FASB概念フレームワーク共同プロジェクトの暫定合意である，負債は「現在の（経済的）債務」であることと乖離している。

このように考察していけば，ますます企業会計原則を現状のまま維持していくことが困難なように思える。

6.3　除去費用の資産性—資産負債の両建処理の検討—

ここでは，これまでに何度となく取り上げてきた資産除去債務に対応する除去費用が資産性を有するかについて，いくつかの先行研究を紹介しながら検討する。

本章3.1において確認したように，IAS第16号は，その変遷において取得原価の概念を変容させ，二度の改訂を通じて，資産除去債務の除去費用を取得原価の付随費用として構成することを可能にした。しかし，そのことはIASB『財務諸表の作成および表示に関するフレームワーク』の資産の定義である「過去の事象の結果として当該企業が支配し，かつ，将来の経済的便益が当該企業に流入されることが期待される資源」と内部矛盾を抱えることになった。

菊谷（2007）は，「将来の解体・撤去時における支出（現金価格相当額）を取得時点（当初認識時点）の取得原価に含めることは，IAS第16号（2003

年改訂）が定義する『当該資産取得のために支出した現金価格相当額』とは異なる取得原価概念であり，内部矛盾している」と指摘する。

さらに「当該資産廃棄時点の支出が，将来の経済的便益を稼得する能力に寄与できたとは言い難い[53)]」と指摘したうえで，「有形固定資産の取得時点の現金価格相当額および廃棄処分時点の現金価格相当額（または資産除去債務が認識された時点の割引価値）との合計額に基づく減価償却費は，過去支出額と将来支出額との混合による費用であり，当該期間の収益と同期間的・同価値的な対応（適正な期間利益の算定）は確保できない。将来支出額の割引価値に基づいて償却するのであれば，過去支出額も当期現在の価値水準に修正した基礎価額（原則として再調達原価[54)]）に基づいて減価償却を行うべきである[55)]」としている。

また佐藤（2007）も除去費用が，資産の定義にある将来の経済的便益という要件を満たすことに関して，「将来経済便益であるためには，キャッシュ・インフローを将来企業にもたらすことが必要であるが，この借方項目は資産除去債務という将来キャッシュ・アウトフローの割引価値を負債計上した結果として現れたものであるから，将来キャッシュ・インフローと結び付けて説明することは困難であるといわざるを得ない[56)]」と否定的な見解を示している。

さらに「また，将来キャッシュ・アウトフローの割引価値を負債計上した結果ということからすれば，当該資産の計上額はある意味の支出額ということとなる。つまり，計上された資産の当初認識時の測定額は，測定対価としての取得原価という性質を持つこととなる。本来，取得原価は，一方で，当初認識時の公正価値としての性質をもっていると説明されるのであるが，公正価値としての説明は可能であろうか。もともと資産としての意味づけが疑わしい項目の取得原価であるから，『論点整理』では，測定対価という観点から，付随費用としての性質を持っているとして，有形固定資産の取得原価に算入するという会計処理を合理化しているようである。

しかし，本来，有形固定資産を購入して，使用可能な状態にするために有形固定資産の使用開始前に負担するコストである付随費用と，最終時点である除去に際して負担するコストとを同様に処理できるかは疑問である[57]」とも指摘している。

以上のように先行研究によれば，赤塚尚之（2008）も指摘するように「結局のところ，資産取得にかかる付随費用の項目とするかたちでしか，将来の資産除去費用を取得原価へ算入することを説明しえない[58]」という結論に達することにに同意する。また，大日方隆（2007）の表現を借りれば，資産負債の両建処理の採用は，除却債務の負債計上が重視される一方その相手勘定の資産性についての検討が犠牲にされてしまった感が否めない[59]。

総括すれば，企業会計基準委員会の示した基準第33項の懸念通り，資産除去債務に対応する除去費用は資産性を有しているとは言えず，この点に関して資産負債の両建処理は，検討の余地があるとの結論が得られた。

6.4 資産負債中心観と収益費用中心観

本章6.2で示した川村（2003）の検証において，引当金の設定方法についてFASB・IASBが財産法（資産負債中心観）から導きだしているのに対し，日本は損益法（収益費用中心観）に基づくことから相違が生じたことを紹介した。

広瀬（2009）によれば，財産法と損益法は日本に古くからある利益計算の考え方に基づく会計理論のひとつで，この財産法と損益法は，資産負債アプローチと収益費用アプローチや，資産負債利益観と収益費用利益観などとも呼ばれ，いずれも同意であるとしている[60]。本書では，引用の箇所を除き，資産負債中心観および収益費用中心観，両者の折衷的な思考を混合思考中心観という[61]。

1990年代以降，各国の会計思考はそれまでの収益費用中心観から資産負

債中心観に重きを置きつつあると言える。資産負債中心観とは，資産と負債の認識と測定を重視し，それに基づいて損益計算を行うものであり，ストックを中心に会計の考え方を組み立てるものである。収益費用中心観とは，収益と費用を直接測定しそこから期間利益を誘導すること，つまり期間損益計算を重視し，それに基づいて資産と負債の認識および測定を従属させるものであり，フローを中心に会計の考え方を組み立てるものである。

論点整理において，引当金処理は「当期の負担に属する繰入額に対応する貸方項目」（論点整理第30項）「費用性の観点から計上される」（論点整理第31項）と解される。さらに除去費用もその都度見積もって費用計上されることからも，収益費用中心観として捉えられていることがわかる。

それでは，資産負債の両建処理は，資産負債中心観・収益費用中心観のいずれの会計思考に基づくものであろうか。これまで確認してきたことなどから，資産負債の両建処理は「負債性の観点から当該資産除去債務が負債に計上され」（論点整理第31項），その負債と同額を関連する有形固定資産の帳簿価額に加えて資産計上することから，資産負債中心観を採用しているものと考えられる。

しかし，佐藤（2007）や松本敏史（2006）などは，いずれも資産除去債務会計基準の採用する資産負債の両建処理は「混合思考中心観」であるとの立場をとっている。

佐藤（2007）によれば，論点整理にいう資産負債の両建処理は，「負債計上の側面では，資産負債利益観の観点から支出義務というストックの認識を求めながら，損益計算の側面では，収益費用利益観の観点から資産除去費用を有形固定資産の使用期間全体へ配分するという配分原理が働いている混合利益観である[62]」とし，これが資産負債の両建処理の最大の特徴であると指摘している。

また松本敏史（2006）も，資産負債の両建処理は資産除去債務という負債について，資産負債中心観の本来あるべき公正価値会計に忠実に計上す

ることを求めながらも，そのまま損失として認識せず除却費用を資産計上し減価償却により費用配分するという損益計算における期間費用の変動回避の思考をもつ混合会計であると指摘している[63]。

いずれも，資産除去債務の負債計上についてのものではなく，除去費用を資産計上し減価償却により費用配分することに，資産負債中心観としての一貫性が欠如していることを指摘するものである。

7 会計処理の考察

本節では資産除去債務の会計処理を，以下に示す2つの会計思考に基づいて分類し，仕訳処理を用いながら，様々な会計処理に関する考察を行う。

7.1 2つの会計思考を用いた会計処理の考察

考察の手順は，以下のとおりである。

図表3-6は，佐藤（2007）が用いた資産除去債務の会計処理の分析視点である2つの会計思考（資産負債中心観・収益費用中心観および一取引基準・二取引基準）を参考に，筆者が，資産除去債務の会計処理を6つの区分に分類したものである。

そのうえで検討1として，以下の4つの会計処理法について，図表3-6の分類についての解説および図表3-7の仕訳処理を用いて，それぞれの概要や仕訳処理の特徴および採用可能性について検討を行う。

「本来の資産負債両建処理」「取得時費用処理」「残存価額控除法」および「除去時費用処理」は，会計理論上検討可能な会計処理であるが，これまで用いられたことはない会計処理である。

「除去時費用処理」は，これまで有形固定資産の除去費用の会計処理として用いられてきたが，資産除去債務の会計処理としては，論点整理の検討事項にも挙がらなかった会計処理である。

図表3-6 2つの会計思考に基づく資産除去債務の会計処理の分類

	一取引基準	二取引基準
資産負債中心観に基づく会計処理	本来の資産負債の両建処理（検討1）	
	取得時費用処理（検討1）（有形固定資産取得損を計上）	取得時費用処理（検討1）（資産除去費用を計上）
混合思考中心観に基づく会計処理	残存価額控除法（検討1）	
	資産除去債務会計基準における資産負債の両建処理（検討2）	別個の資産として計上される資産負債の両建処理（検討2）
収益費用中心観に基づく会計処理		除去時費用処理（検討1）
	引当金処理（検討2）（減価償却費を計上）	本来の引当金処理（検討2）（引当金繰入を計上）

（　）は，取扱う箇所（検討1または検討2）を示す
（出所：佐藤（2007, pp. 1255-1259），菊谷（2008a, pp. 4-19）を参考に，筆者が作成）

さらに検討2として，図表3-6および図表3-8の仕訳処理を用いて，資産除去債務の会計処理として実際に検討された「資産除去債務会計基準における資産負債両建処理（一取引基準）」，「資産負債の両建処理（二取引基準）」および「本来の引当金処理」について，概要や仕訳の特徴から両者の比較分析を行う。

なお本節においては，「資産負債の両建処理」および「引当金処理」を詳細に検討することになるため，資産除去債務基準において採用された資産負債の両建処理は「資産除去債務会計基準における資産負債の両建処理」，従来除去費用に関して採用された引当金処理を「本来の引当金処理」とする。

検討1）4つの会計処理に関する分析

まずは4つの会計処理法について，図表3-6のように分類した過程について解説する。

「本来の資産負債の両建処理」は，図表3−6において「資産負債中心観・一取引基準」の区分に分類される。この処理は，資産負債の両建処理が資産除去債務の負債計上に基づきその除去費用が資産計上される。そのため本来資産負債中心観に基づくものと考えられるためであり，除去費用を付随費用として取得原価に含めることを考慮すると一取引基準に該当する。

次に「取得時費用処理」は，「本来の資産負債の両建処理」を簡便的な処理に置き換えたものである。つまりこの処理は資産負債中心観に基づく処理である。そのため取得時に負債計上とともに資産計上を行う一取引基準との関連が強いと考えられる。しかし二取引基準としてとらえることも会計処理上は可能である。そのため両方に分類されている。

また「残存価額控除法」は，連続意見書第三（第一　四）に基づく処理である。この処理は，取得時に資産除去債務を負債として認識せず，それを資産計上する会計処理は行わない。しかし毎期末に減価償却の追加計上として損益計算に反映させるものである。したがって資産負債中心観および収益費用中心観の両方を併せ持つ「混合思考中心観」に該当する。そのため図表3−6において「混合思考中心観・一取引基準」の区分に分類される。

「除去時費用処理」は，従来有形固定資産の除去費用の処理について，原子力発電施設解体引当金等に計上されるものを除き，一般的に行われてきた会計処理法である。資産除去債務会計基準適用後も，資産除去債務として負債計上されないものについては，この会計処理方法が適用される。この処理は，除去サービスの支出時に費用を一括計上するため収益費用中心観に該当するものと考えられる。さらに取得時に費用に関する会計処理を行わないことから「収益費用中心観・二取引基準」に分類される。

引き続き，これら4つの会計処理[64]の仕訳処理を次頁の図表3−7で確認にしながら，分析を行っていく。なお仕訳処理はいずれも，T1期首に資産除去債務に該当する有形固定資産（取得原価300,000，耐用年数3年，

図表3-7　4つの会計処理法の仕訳処理

会計処理法	仕訳処理
本来の資産負債両建処理	T1期首（資産取得時） 　（借）有形固定資産　　　　300,000　（貸）現　　金　　　　300,000 　（借）有形固定資産　　　　 30,000　（貸）資産除去債務　　　30,000 　（借）有形固定資産取得損　30,000　（貸）有形固定資産　　　30,000 T1〜T3各期末（減価償却時） 　（借）減価償却費　　　　　100,000　（貸）減価償却累計額　100,000 T3期末（資産除去費用支払時） 　（借）資産除去債務　　　　 30,000　（貸）現　　金　　　　 30,000
取得時費用処理	T1期首（資産取得時） 　（借）有形固定資産　　　　300,000　（貸）現　　金　　　　300,000 　（借）有形固定資産取得損※30,000　（貸）資産除去債務　　　30,000 T1〜T3各期末（減価償却時） 　（借）減価償却費　　　　　100,000　（貸）減価償却累計額　100,000 T3期末（資産除去費用支払時） 　（借）資産除去債務　　　　 30,000　（貸）現　　金　　　　 30,000 ※二取引基準に基づく場合は，資産除去費用となる。
残存価額控除法	T1期首（資産取得時） 　（借）有形固定資産　　　　300,000　（貸）現　　金　　　　300,000 T1〜T3各期末（減価償却時） 　（借）減価償却費　　　　　110,000　（貸）減価償却累計額　110,000 T3期末（資産除去費用支払時） 　（借）減価償却累計額　　　 30,000　（貸）現　　金　　　　 30,000
除去時費用処理	T1期首（資産取得時） 　（借）有形固定資産　　　　300,000　（貸）現　　金　　　　300,000 T1〜T3各期末（減価償却時） 　（借）減価償却費　　　　　100,000　（貸）減価償却累計額　100,000 T3期末（資産除去費用支払時） 　（借）資産除去費用　　　　 30,000　（貸）現　　金　　　　 30,000

（出所：佐藤（2007, pp. 1255-1259），菊谷（2008a, pp. 4 -19）を参考に，筆者が作成）

残存価額0）を取得し，耐用年数経過後（T3期末）に資産除去費用30,000を支払う場合を前提としており，資産除去債務を割引価値で算定することは考慮していない[65]。

「本来の資産負債の両建処理」は，資産除去債務を資産の取得（認識）時に期間費用とする会計処理である。

図表3-8 実際に検討された会計処理法の比較および分析

会計処理法	仕訳処理（T1期首に資産除去債務に該当する有形固定資産（取得原価300,000，耐用年数3年，残存価額0）を取得し，耐用年数経過後（T3期末）に資産除去費用30,000を支払う場合）
資産除去債務会計基準における資産負債の両建処理（一取引基準）	T1期首（資産取得時） 　（借）有形固定資産　　　330,000　（貸）現　金　　　　　　300,000 　　　　　　　　　　　　　　　　　　（貸）資産除去債務　　　 30,000 T1～T3各期末（減価償却時） 　（借）減価償却費　　　　110,000　（貸）減価償却累計額　　110,000 T3期末（資産除去費用支払時） 　（借）資産除去債務　　　 30,000　（貸）現　金　　　　　　 30,000
資産負債の両建処理（二取引基準）	T1期首（資産取得時） 　（借）有形固定資産　　　300,000　（貸）現　金　　　　　　300,000 　（借）無形固定資産　　　 30,000　（貸）資産除去債務　　　 30,000 T1～T3各期末（減価償却時・無形固定資産償却時） 　（借）減価償却費　　　　100,000　（貸）減価償却累計額　　100,000 　（借）無形固定資産償却　 10,000　（貸）無形固定資産　　　 10,000 T3期末（資産除去費用支払時） 　（借）資産除去債務　　　 30,000　（貸）現　金　　　　　　 30,000
本来の引当金処理（二取引基準）	T1期首（資産取得時） 　（借）有形固定資産　　　300,000　（貸）現　金　　　　　　300,000 T1～T3各期末（減価償却時） 　（借）減価償却費　　　　100,000　（貸）減価償却累計額　　100,000 　（借）資産除去引当金繰入＊10,000　（貸）資産除去引当金　　 10,000 T3期末（資産除去費用支払時） 　（借）資産除去引当金　　 30,000　（貸）現　金　　　　　　 30,000 ※一取引基準と考えれば，減価償却費に含められる。 その場合の仕訳処理を示せば下記のとおりとなる。 　（借）減価償却費　　　　＊10,000　（貸）資産除去引当金　　 10,000

（出所：佐藤（2007, pp. 1255-1259），菊谷（2008a, pp. 4-19）を参考に筆者が作成）

　図表3-7の仕訳処理でもわかるように，資産取得時に有形固定資産の購入対価（300,000）とともに，資産除去債務（30,000）を負債計上する。資産除去債務と同額である除去費用は付随費用（30,000）として有形固定資産に含められると同時に，有形固定資産取得損として損失（費用）計上される。「有形固定資産取得損」という科目を用いるのは一取引基準に基づくためである。佐藤（2007）も支出および支出義務の負担合計330,000

だけの犠牲を払いながら300,000の価値の有形固定資産を取得したのだから,「有形固定資産取得損」として30,000だけ計上されるべきとしている[66]。

またこの処理は松本敏史（2006）のいう,「資産負債中心観にあるべき会計システムは公正価値会計であるから，除却費用をそのまま損失として認識することは，会計理論上整合性をもつもの[67]」という主張にも合致するものである。しかし，一旦取得した有形固定資産は，会計理論の整合性を保つためだけものであり，資産性は有していないと解される。

「取得時費用処理」は,「本来の資産負債の両建処理」の仕訳処理を簡便的にしたものである。

この処理は資産除去債務として負債計上されたものを有形固定資産に計上しない。そのまま有形固定資産取得損として損失（費用）計上することにより，一旦有形固定資産として計上することを省略するものである。

しかし，これら「本来の資産負債両建処理」および「取得時費用処理」は資産除去債務が使用期間中に発生する場合もあることや収益を生み出す前に多額の費用が発生することがFASB当初公開草案で指摘されており，議論の対象には至らなかった[68]。今後の採用可能性としては，会計基準の設定に関して，会計理論を厳密にあてはめることを重視すること，たとえば「資産除去債務に関する会計基準は資産負債アプローチという会計理論を厳密に適用すべき」という考えに基づかない限りは，採用の可能性は低いといえよう。

「残存価額控除法」は，取得時に実際，資産除去債務の負債計上，除去費用の資産計上は行わない。その一方で減価償却計算では考慮された減価償却費が計上されるため除去費用は，減価償却費の追加費用として計上される。つまり「負の残存価額」とみなされる[69]。

この処理における資産除去費用は減価償却費の中に混入・計上され，当該資産に係る総費用の回収計算の構成要因となることができる。しかし当該資産の帳簿価額が利用期間中にマイナスになるケースがあるなど，「貸

借対照表上の資産価額の合理性は考えていない[70]」という会計処理上の重大な欠点を抱えている。よって採用の可能性は将来に向けても非常に低いといえよう。

「除去時費用処理」は，資産除去サービス時にかかる支出額を除去時に費用化するものである。

この処理は，IAS 第16号（2003改訂, par. 6）で有形固定資産の取得原価が，当該認識日（すなわち取得時点）の「現金価格相当額」であるべきであるという考えに基づく。この取得原価に基づき減価償却や期末評価額の基礎価額が決定されることは，適正な期間損益計算・財政状態の表示に重要な意義を持つと解される。さらに米国 SFAC 第6号において示される資産の定義である「将来の経済的便益を獲得する能力」の観点から，これに（経済的便益獲得能力を喪失した）資産除去債務を含めないと考えるべき解釈を採っている[71]。

「除去時費用処理」は，有形固定資産の除去費用の処理について資産除去債務会計処理基準適用後も，資産除去債務として負債計上されないものについて適用される。

しかし資産除去債務の会計処理という点において適用を検討すると，これまでの議論より資産除去債務を負債として認識することは問題ない。そのため負債計上を行わない「除去時費用処理」の適用は難しいと言えよう。

検討2） 実際に検討された会計処理法の比較および分析

「資産除去債務会計基準における資産負債の両建処理」は，資産負債中心観・収益費用中心観にあてはめると，その両方を併せ持つことは前述した。それに基づけば「資産除去債務会計基準における資産負債の両建処理」は図表3-6において「混合思考中心観・一取引基準」の区分に入る。

また基準第42項において検討された，除去費用を資産計上する場合に，有形固定資産の取得原価に含めず，「別個の資産として計上する方法」が

採られた場合は,「混合思考中心観・二取引基準」に該当する。

一方佐藤(2007)は「本来の引当金処理」は,「収益費用中心観・二取引基準」の区分に入ると指摘する[72]。つまり引当金として認識された除去費用が,有形固定資産の使用期間にわたり毎期合理的に見積もったうえで引当金に繰り入れ費用計上される点から,損益計算を中心とした会計思考であり,毎期計上を行うことから有形固定資産の取得と除去は別の取引として処理していると考えられるためである。またこの方法における「二取引基準」を「一取引基準」に置き換えると,計上された費用は,「引当金繰入」から「減価償却費」に変わることになる。さらに「減価償却費」として計上することは,有形固定資産を有することを意味するのが一般的であるため,取得時に資産計上すれば「混合思考中心観・一取引基準」となる。

この「混合思考中心観・一取引基準」は,まさに資産負債の両建処理そのものを指す。

また図表3-8に示したこれらの処理は,いずれも各年度の負債計上額および総費用額が同額であることがわかる。すなわち,固定資産の負債計上について有形固定資産の取得段階で固定資産を330,000と300,000にするかの違い以外は,期間損益計算においても各期末に同額の費用計上(110,000)がなされるためいずれの会計処理によっても差が生じないことを意味する。

よってこの結果から,期間損益計算上同様の効果が得られるとすれば,「資産除去債務会計基準における資産負債の両建処理」「本来の引当金処理」のいずれを選択するかは,資産除去債務会計基準の指摘する「負債計上の不十分」という,取得段階での有形固定資産の負債計上が問題ということになる。

この点に関して植田敦紀(2008, p. 124)では,SFAS第143号の履行による財務諸表および財務比率の影響を検討している。まずその影響として

（有形固定資産）の簿価の増加およびそれと同額の負債（資産除去債務）の増加が生じ，追加計上される費用（減価償却費および資産除去債務に対する利息費用）の発生による純利益の低下があると指摘している。

それを基に具体的に図表3-8の会計処理から両者の相違を確認する。そうすると除去費用の資産計上か費用計上かという点のみが相違点だと判明する。そのため実際は資産（有形固定資産）の簿価の増加のみが相違点となる。よって財務比率への影響も，資産回転率の低下（資産レベルの上昇による），資産収益率の低下（純利益の低下および資産の増加による）などに限定される。

例えば，資産回転率（この場合有形固定資産回転率）は，有形固定資産の取得を積極的な設備投資と捉えると，売上高等収益の増加率が有形固定資産の増加率を上回らなければ，自然と回転率は低下する。当然短期間のみでの比較はできないが，見掛け上は資産効率が悪くなるのが一般的である。つまりこの例からもわかるように，投資家等への情報提供の観点から財務比率への影響をもって懸念することはないと考えられる。逆に資産除去債務を認識するか否かで，正当に認識する企業が不利益をこうむることが，財務諸表の企業間の比較可能性の観点から大いに懸念されるべきであろう。

以上の考察から，検討可能な会計処理について，その性質や仕訳処理から，やはり資産除去債務の会計処理として「資産除去債務会計基準における資産負債の両建処理」「本来の引当金処理」に絞られることがわかった。さらにその両者を財務比率への影響などから分析しても，本書で示した資産負債の両建処理が引当金処理に対して，優位であるわけではなく，両者の併用や引当金処理の採用再論が検討可能であることがわかる。

7.2　会計理論との整合性に基づく会計処理

これまでにも資産負債の両建処理に関して，その会計処理を行うために，

除去費用の負債性および資産性が必要であることを論じてきた。資産除去債務自体の負債性は「法律上の義務およびそれに準ずるもの」を満たすことにより問題は生じない。むしろ問題はその認識範囲が，基準ごとに推定的債務を含むか否かにより，大きく異なることにある。よって問題点としては，除去費用の「資産性」，つまり，常に資産計上を行うことの是非を問うことになる。

　わが国における基準設定前後において，その議論が多くなされた。その主な問題点をあらためて整理すれば，以下の4点となる。

　まず基準第33項「結論の背景」において「資産負債の両建処理の場合に計上される借方項目が資産としての性格を有しているのかどうか」と述べられており，さらにそのうえで，「引当金処理を採用した上で，資産除去債務の金額等を注記情報として開示することが適切ではないかという意見もある」としている。つまり，企業会計基準委員会自体疑義を有したまま採用に踏み切った観が否めない。山中栄子（2007, pp. 106-107）が指摘するところによれば，論点整理が公表された翌月の2007年6月に行われた企業会計基準委員会とFASBの第3回定期協議において，企業会計基準委員会は資産負債の両建処理を採用する方向であるとの考えを示したという。

　また基準第22項の冒頭においても，「これまでわが国においては，例えば，電力業界で原子力発電施設の解体費用につき発電実績に応じて解体引当金を計上しているような特定の事例は見られるものの，国際的な会計基準で見られるような，資産除去債務を負債として計上するとともに，これに対応する除去費用を有形固定資産に計上する会計処理は行われていなかった。企業会計基準委員会は，有形固定資産のこのような除去に関する将来の負担を財務諸表に反映させることは投資情報として役立つという指摘などから，資産除去債務の会計処理を検討プロジェクトとして取り上げることとした」としている。つまりわが国の資産除去債務会計基準は，導入前から国際的な会計基準が採用する資産負債の両建処理の採用にあったの

ではないかということである。

　二つ目はIASBなど各概念フレームワークの資産の定義にある「将来の経済的便益」に該当するのかという点である。つまり，廃棄時点の支出が，将来の経済的便益を稼得する能力に寄与できたとは言い難く，従来キャッシュ・インフローと結び付けられていた資産の性質である将来経済便益が，支出額というキャッシュ・アウトフローから計上されている観点から疑問が投げかけられた。

　三つ目として，IAS第16号の取得原価の定義「当該資産取得のために支出した現金価格相当額」に，「除去時の支出額」を含めることには異論があり，それによって定められた取得原価から行われる減価償却の配分額の意義が見いだせないとの指摘もある。

　最後に四つ目として，減価償却を行う点からは，資産負債中心観に基づく負債計上を重視した会計処理を求めながら，一方で減価償却による期間損益計算を意識した計算も含んでいると考えられる点が指摘された。つまり，資産性の観点から，様々な基準に照らし合わせて考えると，この除去費用は，本章3.1のIAS第16号の「取得原価概念の変容」などにより「取得原価に対する付随費用」であるとしか説明がつかないことになる。

　この矛盾点が，資産除去債務に関する会計基準の導入により生じたことを確認するものが，図表3-9および図表3-10である。

　まずは，図表3-9により，資産除去債務会計基準導入前を確認する。

　図表3-9は，資産除去債務会計基準導入前に，固定資産の除去費用が，会計処理上どのように行われていたのか，それが会計理論（概念フレームワークの資産および負債の定義，会計基準における引当金の定義や認識要件を満たすか否かなど）に則した会計処理であるのかを指すものである。

　図表3-9の見方を説明すれば，表の上下は，会計理論（概念フレームワークの負債の定義を満たすか否か）による負債性の有無，表の左右は，同様に資産性の有無を指す。たとえば，左上の①のブロックに分類される

図表3-9　資産除去債務会計基準導入前　　　（筆者作成）

	資産性あり	資産性なし
負債性あり	①該当なし （資産）×× 　（負債）×× 　＝資産負債の両建処理	②原子力発電施設解体引当金等 （費用など）×× 　（負債など）×× 　＝引当金処理
負債性なし	③該当なし （資産）×× 　（現金等）××	④（②に該当しない）除去費用 （費用など）×× 　（現金等）×× 　＝除去時費用処理

除去費用は，会計理論として「負債性・資産性」の両方を満たし，会計処理として（借方）資産，（貸方）負債と仕訳されることにより，整合性が保たれていることを確認する。

このように，会計理論の定義の要件を充足し，それに基づいて会計処理が行われていれば，「会計理論に基づく会計処理」が行われていることになり，両者は合致していると考え，合致していなければ問題点として捉える。そう考えれば，会計処理として①のブロックは資産負債の両建処理が該当し，②は引当金処理が該当し，③は（固定資産の除去費用としては）該当なし，④は除去時費用処理が該当することになる。

それでは順に考えていく。

資産除去債務会計基準適用前の段階で，①のブロックに分類される取引項目は存在しなかった。つまり資産負債の両建処理も，この段階では存在しなかった。

次に②のブロックは，特定の業種で引当金計上が認められていた，原子力発電施設解体に係る除去費用の見積額などが分類されていた。この②のブロックは，企業会計原則注解18に基づく引当金が収益費用中心観に基づき「引当金繰入（費用など）・引当金（負債など）」と仕訳されていた。

図表3-10 資産除去債務会計基準導入後　　（筆者作成）

	資産性あり	資産性なし
負債性あり	①資産除去債務に該当する費用 ＜取得時＞ （固定資産）×× 　　（資産除去債務）×× ＝資産負債の両建処理	②　該当なし
負債性なし	③該当なし	④資産除去債務に該当しない除去費用 ＜除去時＞ （除去費用）×× 　　（現金等）×× ＝除去時費用処理

　左下の③のブロックは，基準適用前後いずれにおいても，除去費用として分類されるものはない。同様のものとしては，有形固定資産の取得後支出にかかる資本的支出が該当する（これに関連する考察は巻末 p. 201 の付録を参照のこと）。

　最後に④のブロックは，②に該当しない除去費用が除去時に一括して，支出とともに費用計上されていた。

　このように資産除去債務会計基準導入前の段階では，単純に除去費用は②と④に整理され，その区別も明確で，引当金として認識されたものが負債計上されていたと考えられ，②と④の区別は，引当金の認識要件を用いていたと考えられる。つまり，資産除去債務会計基準導入前は，会計理論と会計処理が整合性をもっていたことがわかる。

　次に資産除去債務会計基準導入後はどのようになったかを示したのが図表3-10である。

　資産除去債務会計基準導入後は，太字で示されている通り，除去費用は2つに区分される。

　①のブロックに区分される資産除去債務に該当する除去費用は，資産負

債の両建処理が行われる。一方で、対極④のブロックにある「資産除去債務に該当しない除去費用」は、除去時に費用処理が行われることになる。

これまで指摘したとおり、資産除去債務に係る除去費用の資産性の問題に関して、必ずしもその全てが資産性を有していないと考えられるため、資産除去債務会計基準導入後には、会計理論と会計処理は整合性を有していない。つまり、「会計理論に基づく会計処理」という整合性が失われているため、これを問題点と捉えるべきである。

そこで次に、これを解消するための一考察として試案を示すことにする。

8 資産除去債務の会計処理に関する試案

前節で示された問題点を解消するための検討を行うことにする。

まず、あらためて基準第7項を確認すれば、「資産除去債務に対応する除去費用は、資産除去債務を負債として計上した時に、当該負債の計上額と同額を、関連する有形固定資産の帳簿価額に加える」とある。この文言に従えば、対象となる有形固定資産の除去費用は、まず④のブロックを起点として、「資産除去債務を負債として計上した時に」つまり負債性を有しているものが、②のブロックに入る。そこからさらに「当該負債の計上額と同額を、関連する有形固定資産の帳簿価額に加える」ことになるため、資産性を有しているものが、最終的に①のブロックに入るのである。つまり、「④→①」ではなく、「④→②→①」と考えるのが自然である。

それでは、②のブロックに該当する会計処理はどのようなものなのであろうか。次に資産除去債務会計基準第8項および適用指針第4項から推察する。

8.1 資産除去債務会計基準における引当金処理の容認規定

基準第8項では、「資産除去債務が有形固定資産の稼働等に従って、使

用の都度発生する場合には，資産除去債務に対応する除去費用を各期においてそれぞれ資産計上し，関連する有形固定資産の残存耐用年数にわたり，各期に費用配分する。なお，この場合には，上記の処理のほか，除去費用をいったん資産に計上し，当該計上時期と同一の期間に，資産計上額と同一の金額を費用処理することもできる」と規定している。

つまり，「資産除去債務が使用の都度発生する場合」は，原則として残存耐用年数で費用配分する方法を用いながらも，いわゆる即時費用化も例外として認めている。これに関しては，米国のSFAS第143号の処理も両方を認めている。またもともと使用の都度という想定自体，例外的と考えているため，大勢に影響しないと考えたためであろう。しかし，両方の処理を認めることは，損益計算に大きな影響をあたえるとも考えられる。

さらにこの即時費用化の会計処理は，引当金処理と似ている。その処理を容認することは，資産除去債務会計基準が，資産負債の両建処理を原則としながらも引当金処理の併用を容認していることに他ならない。

では具体例として適用指針設例4に基づいて考察を行う。資産除去債務が使用の都度発生し，その支出が100である場合のその会計期間の仕訳処理を示せば，以下のとおりとなる。

　　（借）　有形固定資産　　100　　（貸）資産除去債務　　100
　　（借）　減価償却費　　　100　　（貸）減価償却累計額　100

さらに減価償却方法を間接法から直接法に変更すると（貸）減価償却累計額100は，（貸）有形固定資産100となる。

これをまとめると，下記のとおりとなる。

　　（借）　減価償却費　　　100　　（貸）　資産除去債務　　100　…A

図表3-11　資産除去債務の会計処理の分類試案　　　（筆者作成）

	資産性あり	資産性なし
負債性あり	①資産除去債務に該当する費用 　→資産負債の両建処理	②資産除去債務に該当する費用 　→引当金処理
負債性なし	③該当なし	④資産除去債務に該当しない除去費用 　→除去時費用処理

　つまり仕訳処理Aは，（貸）資産除去債務100と負債計上を行うが，実体として資産計上されず，（借）減価償却費と費用計上される。よって適用指針設例4に基づく仕訳処理Aは，実質は引当金処理であり，これが，図表3-10で示す「②のブロック」に該当するのである。

8.2　資産除去債務の会計処理試案―非金融負債処理―

　IAS第37号（1998, par. 8）では「他の基準で，支出を資産にするか費用にするかについて定めている。これらの論点は，本基準では取り扱ってない。したがって，本基準は，引当金が設定されたときに認識された費用を資産化することについて禁止もしなければ要求もしない」とある。すなわち，これは貸方科目の負債が先決され，そののち借方科目が「費用」「資産」および「収益の控除項目」（par. 6）のいずれかとなるものである。

　この思考を取り入れることにより，現在の資産負債の両建処理の問題点が解消できると考える。まずその分類試案を示すと図表3-11になる。

　この試案は以下の点において，検討に値すべきものと考える。

　まず基準第7項の文言通り，④→②→①の流れに従い，それぞれに該当するものを3つに分類している。これは資産除去債務に係る除去費用の資産性の認識判定を有効にすることになる。つまり，負債性の認識判定が，概念フレームワークの負債の定義や資産除去債務の認識要件である「法律上の義務およびそれらに準ずるもの」などにより行われる。そののち引き

第 3 章　非金融負債会計と資産除去債務　111

図表3-12　資産除去債務の会計処理試案　　（筆者作成）

	①非金融負債処理 （例外）	②非金融負債処理 （原則）	④非金融負債に 該当しない処理
取得時	（有形固定資産）×× 　（資産除去債務）××	処理なし	処理なし
毎決算時	（減価償却費）×× 　（減価償却累計額）××	（資産除去引当金繰入）×× 　（資産除去引当金）××	処理なし
除去時	（資産除去債務）×× 　（現金等）××	（資産除去引当金）×× 　（現金等）××	（除去費用）×× 　（現金等）××

＊便宜上，購入対価の金額は仕訳に含まず，資産除去債務についてのみ示す。
＊実際の採用を考えるときは，科目名についてさらに検討を行う必要がある。

続き資産性の判定が概念フレームワークの資産の定義などに照らし合わせて行われる。現状の会計処理では，事実上負債性の判定のみが行われていることになる。

　またこの試案は，IAS 第37号（1998）における引当金の考え方を取り入れるものと考えることができる。資産負債中心観の思考を採りいれ負債計上したのちに，費用計上・資産計上・収益控除を判定させるものであるからである。

　さらに実際，資産除去債務に関する会計基準を持つ米国と日本で，前述したとおり，②のブロックの会計処理が事実上容認されている。つまり，現状，IAS 第37号（1998）において①資産負債の両建処理の取得時の処理，すなわち（借）有形固定資産（貸）資産除去債務は，資産・負債の組み合わせであり，「引当金処理」に該当する。

　換言してまとめれば，本章 7 の検討 2 により導き出された「混合思考中心観・一取引基準」による引当金処理（減価償却費を計上）を行う会計処理は，まさに図表 3-11の①を指す。

　また「収益費用中心観・二取引基準」による引当金処理（引当金繰入を計上）に基づく処理は図表 3-11②を指し，図表 3-11④の除去時費用処理

に該当する。

さらに今後のIAS第37号改訂案（2005）の公表を考え深慮すれば，図表3-11の①および②は，両者は「非金融負債（に該当する）処理」と言えるのではないだろうか。またその場合，④の除去時費用処理は，「非金融負債に該当しない処理」となる。

このように試案による「非金融負債処理」は，非金融負債の定義および認識範囲に従って分類され，すなわち会計理論に基づいて，①と②の会計処理が行われるのである。

その場合，どちらが原則処理と考えられるだろうか。

それは，②の会計処理が原則であろう。なぜなら最初の思考である基準第7項に立ちもどれば，②の存在なくしては，①の存在はないからである。

この項で示した試案を仕訳処理としてまとめたものが，図表3-12となる。

以上本章では「非金融負債会計と環境負債」のいずれにも該当し，本書の最大論点にも影響する「資産除去債務」に関して論じてきた。これらの包含関係を整理すると，それぞれ認識されるものを対象に考えれば，原則[73]「負債＞非金融負債＞環境負債＞資産除去債務」になる。すなわち，資産除去債務は，負債であり，かつ，非金融負債であり，環境負債である。

資産除去債務が環境負債であることには異論をはさむ余地がない。また環境負債である資産除去債務が，負債や非金融負債の定義，認識範囲および会計処理などにおいて矛盾点があっては，本来ならないはずである。

9 まとめ

非金融負債会計の今後を知る足掛かりとして，資産除去債務に関する会計基準を分析することは，非常に有用であった。それは，非金融負債の中で，他の会計基準で定められている退職給付引当金（退職給付引当金）や

リース債務（リース会計）など，既に詳細が検討されたものを除けば，今後非金融負債として，新たに認識されるものとして環境負債が想定されるためである。それらは，本章において検討したように除去費用の資産性が現行の概念フレームワークで担保されているとは言い難く，会計処理として従来用いられてきた引当金処理を破棄し，資産除去債務に該当するすべてを資産負債の両建処理で受け止めることに矛盾を感じ，IAS第37号（1998）を考慮にいれた試案を示した。

このように，非金融負債に該当するものに関しては，IAS第37号改訂案（2005）で示す定義からも容易に想像できる。

「金融負債以外の負債」という定義から，本章で掲げた問題提起および思考は今後も必要であろうと考える。

注記

1) 国内外問わず米国で上場する企業は，すべて米国基準の財務諸表の作成が求められた。これは米国証券取引委員会（Securities and Exchange Commission：以下「SEC」という）が投資家の保護や比較可能性の確保から求めたものである。SECは，独立行政機関で強力な権限をもち，独自に会計基準の設定を行わないが，会計基準を設定する権限を持つ。
2) 協議は，それぞれがIASBとのコンバージェンスを進める中で，同時に国内問題にも対応しなければいけないという共通の事情を有する両主体の意見交換という意味合いが強い（西川（2007, p. 1244））。
3) それまでは容易に解決できる項目から取扱うフェーズド・アプローチが採られていたが，長期的解決項目も早期に取り上げ並行して調査研究を進める全体像アプローチへと変更された（西川（2007）pp. 1244-1245）。企業会計基準委員会では，短期プロジェクトとして取り上げた10項目（棚卸資産の評価基準，関連当事者間の開示，在外子会社の会計方針統一，新株発行費，リース取引，工事契約，セグメント情報の開示，資産除去債務，金融商品の公正価値開示，投資不動産）については，すべて基準の公表に至っている。
4) 資産除去債務専門委員会は，委員長を含む11名の専門委員から構成される。企業会計基準委員会の委員や研究員のほか学者・企業経理担当者・公認会計士がメンバーとして参加している。2008年3月31日に資産除去債務会計基準が公表されたた

め，2010年3月25日に解散している。資産除去債務専門委員のうち6名は，引当金専門委員会にも属していた。なお2013年9月末現在，引当金専門委員会は休止している。

5）Garner（2006）の Black's Law Dictionary（p. 591）によれば，約束的禁反言とは，約因なしになされた約束は，約束者が受約者に約束への信頼を合理的に期待させている場合，かつ，約束者への信頼が実際受約者に不利益をもたらす場合，約束にもかかわらず権利の侵害を避けることを強制する原則と定義する。

6）「有害物質等」および「法律等」を具体的に示せば，アスベストについては石綿障害予防規則や大気汚染防止法など，PCB（ポリ塩化ビフェニル）についてはPCB廃棄物特別措置法などが該当する。

7）環境会計は，環境に関する情報の記録・計算・報告プロセスである。環境会計は，企業会計や公会計など個別経済を対象としたミクロ環境会計と国など全体経済を対象としたマクロ環境会計とに分かれる。更にミクロ環境会計は，内部環境会計と外部環境会計に分類される。内部環境会計は組織内（経営者の意思決定など）への情報提供を目的としたもので，環境配慮型原価企画システムや環境予算手法を指す。また外部環境会計は，組織外への情報提供を目的としたもので，更にCSR報告などの非財務情報からなる環境報告と，財務情報を中心に構成される環境報告があり，後者を「狭義の環境会計」と呼ぶ場合がある（上妻（2008, pp. 267-268））。

8）阪（2007, p. 267）

9）米国では，2003年の「電気・電子機器廃棄物に関するEU指令（Directive 2002/96/EC on Waste Electrical and Electronic Equipment）を受け，2005年にFASBスタッフ声明（FASB Staff Position: FSP）として公表されたSFAS第143号-1「電子機器廃棄物債務の会計」などがある。

10）環境会計における財務会計領域は，環境財務会計と呼ばれている。環境財務会計は外部環境会計に特化した性格を持ち，植田（2008, p. 25）は「環境問題に関連して発生した財務データを財務会計上で如何に認識・測定・開示し外部に報告するかという問題を扱う」と定義付けている。一方環境管理会計は，企業の内部環境会計に特化した性格をもつもので非財務情報と財務情報を組み合わせたものである。

11）土壌汚染の浄化につき，有害物質処理に関与したすべての潜在的責任当事者(Potentially Responsible Parties: PRPS）に負担させること。この潜在的責任当事者は，連邦政府が投棄された場所の調査を行い決定する。

12）藤井（2009, p. 57）

13）「包括的環境対処・補償・責任法（Comprehensive Environmental Response, Compensation, and Liability Act: CERCLA)」を，通称スーパーファンド法(Superfund Act)という。また，RCRA法とは「資源保護回復法（Resource Conservation and Recovery Act: RCRA)」を指す。

14）藤井（2009, p. 57）

第 3 章　非金融負債会計と資産除去債務　115

15) SOP 96-1「環境修復負債」は,「Statement of Position 96-1, Environmental Remediation Liabilities, 1996」を指す。
16) 六価クロム事件とは,東京都江東区などにおいて化学工場跡地から健康被害をもたらす六価クロムが大量に発見された,日本の土壌汚染の代表的な事件である。
17) 秋葉 (2008, pp. 20-21)
18) 同上 (2008, p. 21)
19) 資産負債の両建処理と引当金処理を扱った論文等は多数あるが,論点整理の公表から資産除去債務会計基準の公表まで (2007.5.30〜2008.3.31) のものとしては,佐藤 (2007) や千葉 (2008) などがあり,資産除去債務会計基準公表後 (2008.4.1〜) としては,菊谷 (2008b) や黒川 (2009) などが挙げられる。
20) *Proposed Statement of Financial Accounting Standards: Accounting for Certain Liabilities Related to Closure or Removal of Long-Lived Assets, May 1996*.
21) *Proposed Statement of Financial Accounting Standards: Accounting for Obligations Associated with Retirement of Long-Lived Assets, February 2000*.
22) 図表 3-2 を基にした,以下の議論の経過については,特段の記載や私見の箇所を除き加藤 (2006, pp. 112-142) に基づいている。
23) 原子力施設の解除,石油・ガス生産施設の解体および除却,採掘施設の閉鎖および閉鎖後のコスト,埋め立て地の閉鎖および閉鎖後のコスト,危険廃棄物保管施設の閉鎖および閉鎖後のコストが適用対象として示されている。
24) 川西 (2007, p. 42)
25) FASB の財務会計概念書は,「Statement of Financial Accounting Concept」であり,「SFAC」または「CON」と略される。本書では引用部分を除き,「SFAC」を用いる。一般的に米国の概念フレームワークを指し,本書でもそのように取扱っている。
26) Floyd Beams の提案で,資産の評価勘定として引当金を設定することにより土壌汚染時には土地の簿価を控除し,浄化・修復された場合には減額や消去を行うものである (植田 (2008, pp. 49-51))。
27) FASB は,1975年のアラブオイルボイコットによる石油価格上昇に対して,1977年 SFAS 第19号において,特殊なケースではあるが資産除去債務の計上を要求した。しかし,それまでの処理を求めるすべての小さな石油会社とガス製造会社による激しい抵抗にあい,結果的には,翌年1978年に基準は修正されることになった (植田 (2008, p. 108))。
28) *FASB Interpretation No. 47* (*2005 c*) *"Accounting for Conditional Asset Retirement Obligations: An Interpretation of FASB Statement No. 143."*
29) 秋葉 (2008, p. 28)
30) 合理的に見積もることができる場合として,下記の a〜c が挙げられた。
　a　資産除去債務の公正価値が資産の取得価額に反映されていることが明らかである。

b　資産除去債務の移転のための活発な市場が存在する。
   c　期待現在価値技法（excepted present value technique）を適用するための十分な情報が存在する。
31) *Statement of Financial Accounting Standards No. 157 "Fair Value Measurements."*
32) 秋葉（2008, pp. 27-28）
33) 私見の箇所を除き図表3-3の説明は，菊谷（2007, pp. 33-34）に基づく。
34) a～dは，1982年IAS第16号（1982, par. 11）より。
35) eは，1993年改訂のIAS第16号（1993, par. 16）より。
36) 以下の5.2節の指摘は佐藤（2007, p. 1254）による。
37) その引当金に関する会計基準は，資産除去債務会計基準との整合性を踏まえて設定するのではなく，本来の引当金はどうあるべきかの視点にたったものであることが望ましいことは言うまでもない。
38) これに関連して，基準第43項では「実務上の負担等を勘案すると，関連する有形固定資産と区分して別の資産として管理することは妨げられないが，その場合でも，財務諸表上は，有形固定資産として表示することが必要である」としている。これは実務上の負担を考慮し，帳簿上と財務諸表との使い分けを認める配慮を示しながらも，本来付随費用として取得原価に含めるべきものであるため，財務諸表においては有形固定資産に含めた表示が求められるとしたものである。
39) 廣田（2008, p. 104）
40) 広瀬（2009）によれば，負債，債務および義務とは，それぞれ以下のような関連を持つ。「負債」とは，一般に，約束の期日に支払わなければならない「債務」であり，「負債」の基本的な特徴は，企業が負っている「（現在の）債務」であるという点にある。「債務」とは債務者が債権者に対して一定の行為または給付を遂行しなければならない「義務」または責任をいい，「義務」は，支払義務というようにその多くが法律または契約によって法的に強制される法的債務である（広瀬（2009, p. 294））。
41) 斎藤（2007, pp. 256-257）
42) 同上（2007, p. 257）
43) 同上（2007, p. 257）
44) 川村（2003, p. 44）
45) 川村（2007, p. 5）
46) 藤田（2006, p. 78）
47) 広瀬（2009, p. 304）
48) 同上（2009, p. 295）
49) この比較検討は，下記の2点が満たされていることを根拠に，有効な検証であるという考えに至ったものである。
   ・各基準の負債の概念が，概ね同意であることが確認できたこと。
   ・FASBは引当金と負債を区別して論じないこと，IASBは引当金認識要件と負債の

定義の共通点が多いことから引当金の設定要件を負債の定義と置き換えるのが可能であること。
50) 川村（2003, pp. 43-44）
51) 同上（2003, p. 47）
52) 同上（2003, p. 42）
　FASB・IASBはそれぞれの負債の定義において，FASBが「将来の経済的便益の犠牲」であると，いわば経済的視点に立った定義をしているのに対し，IASBは負債を「現在の債務」であると，いわば法律的視点に立った定義をしている点が異なっている。
53) 菊谷（2007, p. 38）
54)「再調達原価」は，本章2.2でいう「コスト集積」による測定と同意である。
55) 菊谷（2008a, p. 14）
56) 佐藤（2007, p. 1255）
57) 同上（2007, p. 1255）
58) 赤塚（2008, p. 71）
59) 大日方（2007, p. 102）
60) 広瀬（2009, p. 38）
61) 資産負債中心観は，菊谷（2008b）・佐藤（2007）は「資産負債利益観」，松本敏史（2006）は「資産負債中心観」と記述しており，様々である。また野口（2012）は，それぞれを「伝統的会計モデル」と「純資産会計モデル」であると表現している。
62) 佐藤（2007, p. 1259）
63) 松本敏史（2006, pp. 48-49）
64) なお，図表3-7で用いた会計処理法の名称などについては，下記のとおりである。「取得時費用処理」は，川西（2007）によればFASBがSFAS第143号当初公開草案作成時に「（認識時に）即時費用」として取り扱ったものである。なお本書では「取得時費用処理」の仕訳処理の科目について，佐藤（2007, p. 1257）で使用されているものを用いている。「残存価額控除法」という会計処理名は，菊谷（2008a, p. 6）によるものであり，政岡（2008）はこれを「残存価額において考慮する処理」と表現している。「除去時費用処理」について，本書では，「取得時費用処理」と区別するため「除去時費用処理」という名称にしている。ちなみに菊谷（2008a）はこれを「期間費用算入法」と呼んでいる。
65) 実際，資産除去債務は現在価値技法により当初認識される。したがって資産除去債務の時の経過による負債の変動額は利息法を適用することによって，当期首の負債額に配分される。当該負債の変動額を測定するのに用いられる利子率は，当初認識時の信用リスク調整後リスク・フリー・レートによる。図表3-8における「資産除去債務会計基準における資産負債両建処理」および「本来の引当金処理」を信用リスク調整後リスク・フリー・レートが5％であると仮定した場合，各期費用の計上は，どちらの方法を用いてもT1（109, 934），T2（109, 998），T3（110, 067）

となり差異は生じない。また他の論点に関しても信用リスク調整後リスク・フリー・レートを考慮する，しないにより結果に影響を与えないため，本書では紹介を省略した。なお，信用リスク調整後リスク・フリー・レートを考慮した場合の仕訳処理は，菊谷 (2008a, pp. 12-16) を参照のこと。

66) 佐藤 (2007, p. 1257)
67) 松本敏史 (2006, p. 48)
68) 川西 (2007, p. 44)
69) 菊谷 (2008a, pp. 6-8)
70) 新田 (2007, p. 3)
71) 菊谷 (2008a, pp. 4-5)
72) 佐藤 (2007, pp. 1257-1258)
73) 環境負債は，ほとんどが非金融負債に該当すると考えられる。しかし，該当しないもの（つまりデリバティブ負債など金融負債に該当するもの）の存在の可能性も否定できない。よって「原則」としている。

参考文献

American Institute of Certified Public, Accountants Accounting Standards Executive Committee (1996) *Environmental Remediation Liabilities ,Statement of Position 96-1*, AICPA.

Financial Accounting Standards Board (1975) *Accounting for Contingencies. Statement of Financial Accounting Standards No. 5*, FASB.

Financial Accounting Standards Board (2005) *Selected Issues Relating to Assets and Liabilities with Uncertainties.* Invitation to Comment, FASB.

Financial Accounting Standards Board (1976) *An Analysis of Issues Related to Conceptual Framework for Financial Accounting and Reporting : Elements of Financial Statements and Their Measurement. Discussion Memorandum*, FASB.（津守常弘監訳 (1997)『FASB財務会計の概念フレームワーク』中央経済社）

Financial Accounting Standards Board (1979) *Financial Accounting and Reporting by Oil and Gas Producing Companies. Statements of Financial Accounting Standards No. 19*, FASB.

Financial Accounting Standards Board (1985) *Elements of Financial Statements. Statement of Financial Accounting Concepts No. 6*, FASB.

Financial Accounting Standards Board (2000) *Using Cash Flow Information and Present Value in Accounting Measurements. Statement of Financial Accounting Concepts No. 7*, FASB.

Financial Accounting Standards Board (2001a) *Accounting for Asset Retirement Obliga-

tions. Statements of Financial Accounting Standards No. 143, FASB.
Financial Accounting Standards Board (2001b) *Accounting for the Impairment or Disposal of Long-Lived Assets. Statement of Financial Accounting Standards No. 144*, FASB.
Financial Accounting Standards Board (2005a) *Accounting for Conditional Asset Retirement Obligations. FASB Staff Position No. 143-1*, FASB.
Financial Accounting Standards Board (2005b) *Conceptual Framework : Joint Project of the IASB and FASB, Project Updates, Last Revisions : September 26, 2005*.
Financial Accounting Standards Board (2005c) *Accounting for Conditional Asset Retirement Obligations : An Interpretation of FASB Statement No. 143*. FASB Interpretation No. 47, FASB.
Financial Accounting Standards Board (2006) *Fair Value Measurements. Statements of Financial Accounting Standards No. 157*, FASB.
Garner, Bryan. A. ed. (2004) *Black's Law Dictionary*, 8th Edition. Thomson/West.
International Accounting Standards Board (2003) *Property, Plant and Equipment., Revised version of IAS No. 16* (1998).
International Accounting Standards Board (2004), *Property, Plant and Equipment*. International Accounting Standard No. 16.
International Accounting Standards Board (2005) *Amendments to IAS No. 37, Provisions, Contingent Liabilities and Contingent Assets and IAS No. 19 Employee Benefits. Exposure Draft of Proposed*, IASCF.
International Accounting Standards Board (2006a) *Amendments to IAS No. 37 : Eliminating the Term Contingent Liability.* Agenda Paper 4 A, IASCF.
International Accounting Standards Board (2006b) *Non-Financial Liabilities ; The IASB's Proposed Amendments to IAS No. 37*. Agenda Paper 6, IASCF. (山田辰巳，五反田信明訳)(2006)「IAS 第37号『非金融負債』に関する討議資料」『企業会計』第58巻第4号, pp. 176-182.
International Accounting Standards Committee (1982) *Property, Plant and Equipment. International Accounting Standard No. 16*.
International Accounting Standards Committee (1993) *Property, Plant and Equipment. Revised version of IAS No. 16 (1982)*.
International Accounting Standards Committee (1998a), *Provisions, Contingent, Liabilities and Contingent Assets*. International Accounting Standard No. 37.
International Accounting Standards Committee (1998b) *Property, Plant and Equipment., Revised version of IAS No. 16 (1993)*.
赤塚尚之 (2008)「環境コスト（環境関連コスト）の資産計上―資産の定義における「将来の経済的便益に対する『権利』(access)」との関連性に着目して」『滋賀大学経済学部研究年報』第15巻, pp. 57-80.

秋葉賢一（2008）「米国での資産除去債務（ARO）に関する会計基準の導入」藤井良広編著『環境債務の実務―資産除去債務への対処法』中央経済社
植田敦紀（2008）『環境財務会計論―U.S. Environmental GAAP を基礎として』森山書店
大日方隆（2007）『アドバンスト財務会計―理論と実証分析』中央経済社
加藤盛弘（2006）『負債拡大の現代会計』森山書店
上妻義直（2008）「環境会計と財務会計」藤井良広編著『環境債務の実務―資産除去債務への対処法』中央経済社
川西安喜（2007）「会計　米国における資産除去債務会計検討の経緯」『会計・監査ジャーナル』第19巻第8号，pp. 41-47.
川村義則（2003）「負債の定義と認識要件―近接諸概念との比較検討」『會計』第163巻第1号，pp. 40-55.
川村義則（2007）「非金融負債をめぐる会計問題」『IMES Discussion Paper』2007-J-11；『金融研究』第26巻3号，日本銀行金融研究所，pp. 27-67.
菊谷正人（2007）「有形固定資産の取得原価と資産除去債務」『税経通信』第62巻第12号，pp. 33-40.
菊谷正人（2008a）「資産除去費用の会計処理法に関する比較分析」『財務会計研究』第2号，pp. 1-23.
菊谷正人（2008b）「資産除去債務に関する会計基準の問題点―資産除去債務会計の国際比較」『経営志林』第45巻2号，pp. 41-58.
黒川行治（2009）「資産除去債務を巡る会計上の論点」『企業会計』第61巻第10号，pp. 1458-1470.
斎藤静樹（2007）『詳解「討議資料財務会計の概念フレームワーク」第2版』中央経済社
阪智香（2007）「環境会計を巡る国際的課題」平松一夫編著『国際財務報告論』中央経済社，pp. 261-279.
佐藤信彦（2007）「資産除去債務の会計を巡る諸問題」『企業会計』第59巻第9号，pp. 1249-1259.
千葉貴律（2008）「資産除去債務と環境会計」『経営論集』第55巻1号，明治大学経営学研究所，pp. 103-119.
長束航（2004）「負債概念における『債務性』―アメリカにおける変化」『會計』第166巻第5号，pp. 691-705.
西川郁生（2007）「コンバージェンスに向けたASBJの取組み―中期運営方針を公表して」『企業会計』第59第9号，pp. 1242-1248.
新田忠誓（2007）「国際基準の有形固定資産論―わが国思考とIAS第16号の相違を考える」『財務会計研究』第1号，pp. 1-8.
野口教子（2012）「純資産会計モデルへのシフトによる混乱―収益の変容」『国際会計

研究学会年報』2011年度第1号, pp. 5 -18.
広瀬義州（2009）『財務会計（第9版）』中央経済社
廣田裕二（2008）「不動産取引と環境債務の動向」藤井良広編著『環境債務の実務―資産除去債務への対処法』中央経済社, pp. 96-115.
藤井良広（2009）「グローバル化する環境債務と最新の海外動向」『企業会計』第61巻第10号, pp. 1493-1499.
藤田敬司（2006）『資本・負債・デリバティブの会計』中央経済社
政岡孝宏（2008）「資産除去債務の会計にみられる取得原価概念の変容」『企業会計』第60巻第1号, pp. 140-149.
松本徹（2011）「資産除去債務の会計処理方法に関する一考察」『専修社会科学論集』専修大学大学院学友会, pp. 35-72.
松本徹（2012）「環境負債の会計処理に関する諸問題」『会計論叢』第7号, 明治大学専門職大学院会計専門職研究科, pp. 153-164.
松本敏史（1993）「引当金会計に対する二つのアプローチ―FASB『討議資料』を手がかりとして」『會計』第144巻第6号, pp. 804-817.
松本敏史（2006）「二つの会計観とキャッシュ・フロー―非連結モデルの構造的分析」『會計』第169巻第1号, pp. 48-62.
松本敏史（2010）「IAS37号を巡る動きと計算構造の変化」『企業会計』第62巻第9号, pp. 25-32.
光成美樹（2008）「環境債務の移転手法」藤井良広編著『環境債務の実務―資産除去債務への対処法』中央経済社, pp. 215-230.
山田昭宏（1990）『アメリカの会計基準』中央経済社
山中栄子（2007）「第3回ASBJとFASBによる定期協議」『会計基準』第18号, 財団法人財務会計基準機構, pp. 189-199.
企業会計基準委員会（2006）討議資料「財務会計の概念フレームワーク」財務会計基準機構
企業会計基準委員会（2008a）企業会計基準第18号「資産除去債務に関する会計基準」財務会計基準機構
企業会計基準委員会（2008b）企業会計基準適用指針第21号「資産除去債務に関する会計基準の適用指針」財務会計基準機構
企業会計基準委員会（2009）「引当金に関する論点の整理」財務会計基準機構

第4章　非金融負債会計と蓋然性要件(1)
――蓋然性要件の現況とその変遷――

はじめに

蓋然性（probability）とは，ある事柄が起こる確実性や，ある事柄が真実として認められる確実性の度合いを指す。よって高い・低いなどでその度合いを示す[1]。蓋然性要件とは，その度合いが，認識や測定するうえで必要な要件として取り扱われることを指す。

まずは各基準により蓋然性要件が現在どのように取り扱われているのか，その現況と変遷を辿る。

1　日本

第1章で取り上げたとおり，わが国において蓋然性要件が多く議論されるようになったのは，企業会計原則設定以降である。

制度会計上では，その他に財務諸表規則第58条に「偶発債務がある場合には，その内容および金額を注記しなければならない」とされており，財規取扱要領146において「偶発債務とは，債務の保証，係争事件にかかる賠償義務，先物売買契約，受注契約その他の現実に発生していない債務で将来において当該事業の負担となる可能性があるものをいう」と規定している。

わが国では，負債の範囲は，確定債務，経過勘定，条件付債務，そして

計算擬制項目(収益費用の期間損益計算のなかで擬制された負債項目)に分かれ確定債務である未払金や経過勘定である未払費用に区別をされ,残る条件付債務や計算擬制項目が引当金として計上されている[2]。これは収益費用中心観に基づくもので,特徴としては法的債務性の有無によらずに計上されることである。

企業会計上の引当金(負債性を前提とする)と偶発債務[3]の相違点を比較すると図表4-1のようになる。

まずは,蓋然性要件として特定の支出または特定の損失が将来確定する可能性が高い場合は引当金として認識される。なお企業会計原則もその規定において,蓋然性要件の程度は変化している。

現在の企業会計原則注解18は,「発生の可能性が高く」(1982年,昭和57年改訂)であるが,それまでは「確実に起ると予想され」(1974年,昭和49年改訂)と規定されている。つまり,蓋然性要件の基準となる昭和57年改正により低くなり引当金として認識されやすくなったことを指す。

その理由として稲垣富士男(1982)は,以下の2点を挙げている[4]。

1982年(昭和57年)までの企業会計原則では,偶発損失の計上を認めておらず,引当金の範囲が狭義に設定されていたため,会計実務や監査にお

図表4-1 引当金と偶発債務の相違

	(負債性)引当金	偶発債務
特定の支出または損失が将来確定する可能性	高い	確定するとは限らない
支出または損失の金額	合理的に見積もることができる	合理的に見積もることができない
借方項目	当期の収益に対応する当期の費用	当期の収益に対応する当期の費用としての性格を有しない
	=引当金繰入	=偶発損失
貸借対照表能力	あり	なし,または注記

(出所:加古(2000, pp. 89-90)を参考に,筆者が作成)

いて不統一となり，これを解消するためとされる。

また1982年（昭和57年）の改訂により，それまで「当期支出の原因となる事実が当期において既に存在」となった文言を「その発生が当期以前の事象に起因」とあり，支出原因の事象の発生が，当期以前に拡張されたことから，確実なものから可能性の高いものへと判断を依存する割合が高くなったためとされる。

またわが国の場合，企業会計原則注解18により蓋然性要件を取り入れており，さらには資産除去債務会計基準にもそれを考慮した規定がある。

それは資産除去債務会計基準第6項(1)にある測定に関する規定である。規定には「割引前の将来キャッシュ・フローは，合理的で説明可能な仮定および予測に基づく自己の支出見積りによる。その見積金額は，生起する可能性の最も高い単一の金額または生起し得る複数の将来キャッシュ・フローをそれぞれの発生確率で加重平均した金額とする」とある。すなわち，資産除去債務会計基準策定時にこの方法を認めたことにより蓋然性要件によって選択された測定値が，そのまま採用されることを可能にしたのである。そこが米国SFAS第143号との相違点でもある。

結果的に，わが国の資産除去債務の蓋然性要件は，測定方法の併用（期待値と最頻値）により一定の蓋然性要件を容認することとなった。

2 米国

続いて米国におけるSFAS第5号およびSFAS第143号について蓋然性要件の現況とその変遷，および比較を行う。

2.1 SFAS第5号の蓋然性要件

ここでは，このSFAS第5号の蓋然性要件がどのようなものであったかを見ていく。

まずは，偶発事象の定義について「偶発事象とは，企業にとって利得または損失が発生する可能性を確認できない不確実な状況，状態または一連の環境が現存しており，ひとつまたはそれ以上の将来事象が，発生または未発生により判明する事態をいう。この不確実性の解消は，資産の取得，負債の減少，資産の喪失または減損，あるいは負債の発生により確かめられる」としている（par. 1）。

ここでいう利得または損失は，偶発利得（gain contingency）および偶発損失（loss contingency）を指す。偶発利得に関してはARB第50号に準ずるものとして，財務諸表の利害関係者を誤らせない記述および開示がなされれば，偶発利得は実現まで認識しないことを規定しているにすぎない（par. 6 and par. 17）。そのため実質的な規定は，偶発損失に関するものがほとんどである[5]。

その偶発損失の計上要件は，次のように規定されている。

　　次の2つの条件をともに満たす場合，偶発損失から見積もられる損失を利益（income）から控除することにより，見越し計上しなければならない。
　(a) 財務諸表の発行前に入手が可能な情報により，資産が減損し，または負債が発生する可能性が高い（probable）と判断できること。この状況下においてその損失の事実を確認するための事象が将来発生する可能性が高い（probable）ということが暗示されていること。
　(b) 損失額を合理的に見積もる（reasonably estimate）ことができること。

まず(a)は偶発損失の発生の可能性を指す。
つまり資産の減損や負債の発生は，事実として確定したわけではなく，確定したという可能性が高いことを指し，これは将来その事象が起こった

かにより判断される。つまり確認するべき将来事象が生じる可能性が高いということを求めている。この要件からは資産の減損の可能性が高くないときは減損損失の計上を，負債の発生の可能性が高くないときは，負債の計上を行うことを禁止している[6]。

蓋然性要件を示す「資産の減損または負債の発生する可能性が高い」について，その可能性を3つに分けている（par. 3）。

計上要件を満たす可能性が高いものは"probable"であり，将来事象がほぼ発生する（＝is likely to occur）であることを指す。次に満たさないものとして可能性は高いわけではない（ある程度高い）"reasonably possible"は，将来事象の発生のチャンスはなくはないが特に高いわけではない（＝more than remote but less than likely）を指す。三番目の可能性がほとんどない（わずかな）"remote"は，将来事象の発生可能性がわずかであることを指す。

これを示された会計士の判断は，様々であった。つまり"probable"と"reasonably possible"の例示が十分でなかったため，計上の有無という重要な判断に必要な情報が得られなかったことである[7]。現存するSFAS第5号の規定であるが，様々な基準の設定によって，今後は改訂を余儀なくされる可能性は高い。

つづいて(b)は偶発損失の見積りを指す。

この「損失額を合理的に見積もることができる」とはどういう場合に該当し，どういう金額をもってその合理的な金額とするのかという説明が，SFAS第5号ではなされていなかった。その説明はFIN第14号 par. 3において補完されている。それによれば，その損失額の正確な見積がある範囲にある場合において，次の2つのケースなどがあるとしている。

第1に，その範囲内にある金額が，その範囲内の他の金額に比べ，より適切な見積りの場合は，そのより適切な見積りをもって「合理的

な金額」とすることとある。

　第2, に範囲内の金額のどの金額も他の金額と比べ, より適切な見積りでない場合は, その範囲内最低額が計上されるとある。

　さらに, 偶発損失の性質および計上額を超える損失額について, 正確さをもって発生の可能性がある場合, 追加計上の開示を要求する。

　第1のケースは, 発生の可能性, つまり確率からより高いものを選択する最頻値をとることを意味する。この場合多数の金額が存在し, その最頻値が, 例えば20%であった場合, その見積りに依拠することができるのかという点においては, 肯定できない。

　第2のケースは, 範囲内最低額を採ることは, 保守的な会計によるものである。しかし, 適切でない金額から選択するということは問題ではないだろうか。つまり, この場合は, 合理的に金額を見積もることが出来ないという選択が正しいのではないだろうか。

　追加計上開示については, 例えば決算日までに起こされた訴訟について, 財務諸表作成日までに不利な判決は出たが, 実際の損失額は見積できない状況において, 損失額が正確性を持った見積で100～1000の範囲であった場合 (さらにこの範囲内に適切な見積額はない場合), 100についての財務諸表への計上を行い, 900 (1000-100) の追加損失可能額の開示が要求されることを指す。

　以上からすれば, SFAS第5号の補完として示されたFIN第14号も有効であったとは言い難い。この合理的な見積りについては, 非金融負債会計においても, 測定のみならず認識の領域についても議論されているところである。なおSFAS第5号 pars. 8-12について, フローチャートで示すと図表4-2のとおりとなる。

　またSFAS第5号の考察として, 資産負債中心観と収益費用中心観の会計スタンスを考えてみる。

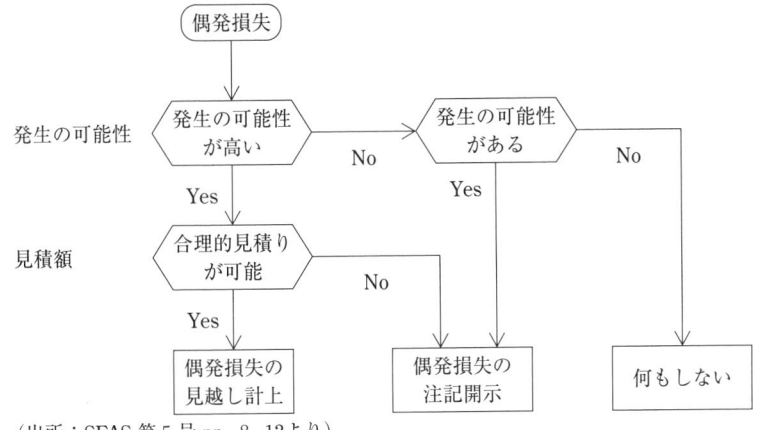

第 4 章 非金融負債会計と蓋然性要件(1) 129

図表4-2 SFAS 第5号における偶発損失の認識要件

```
                        偶発損失
                           ↓
発生の可能性    発生の可能性 ──No──→ 発生の可能性 ──No──→
             が高い              がある
                ↓Yes               ↓Yes
見積額      合理的見積り
            が可能 ──No──┐
                ↓Yes       ↓            ↓            ↓
            偶発損失の   偶発損失の      何もしない
            見越し計上   注記開示
```

(出所：SFAS 第5号 pp. 8-12 より)

　まず偶発事象の定義が，偶発資産や偶発負債から捉えられているわけではなく，偶発利得・偶発損失から捉えられている (par. 1)。また合理的な損失額を利益の額から控除し，見越し計上をおこなう (par. 8) などからは，収益費用中心観が伺える。このことから，原因発生主義という損失の原因が当期以前の事象に起因しているということに論点を置くのではなく，現在，資産が減損または負債が発生するというストックの変動を前提として理論を成り立たせれば，資産負債中心観的な思考を見い出すこともできる。いずれにしても，ひとつの会計観で説明することは困難であることがわかる。

　このように SFAS 第5号によって示された蓋然性や会計観などは，その後1989年「アスベスト除去コストの会計処理」や1990年の「環境汚染処理コスト」など環境負債の会計処理の中で討議され，解釈がその都度付け加えられた。そして第3章で取り上げた SFAS 第143号が公表されたのである。

2.2 SFAS 第5号とSFAS 第143号の蓋然性要件の比較

　SFAS 第5号とSFAS 第143号の相違点としては，まず蓋然性要件の取扱いが挙げられる。

　これは，資産除去債務の会計処理が，資産負債の両建処理を採用していることからも明らかなように，資産取得時に資産除去債務として負債計上したと同時に，不可避的にその除去費用を資産計上することから，その可能性について検する余地はない。つまり，この点においてSFAS 第5号とSFAS 第143号は，蓋然性要件を認識要件とするか否かにより相違する。

　また，SFAC 第7号が採用する期待キャッシュ・フローによる測定を，認識時に採り入れるとすれば，蓋然性要件を認識要件とする必要はない。この点に関し，FASBはSFAS 第143号の採用により，SFAS 第5号に示される認識要件を充足しないような資産除去債務が認識される可能性はあるが，SFAS 第5号の認識要件に齟齬をきたすことはないとしている[8]。またSFAC 第7号およびSFAS 第5号は，蓋然性要件においても，異なる前提であることは，第3章2.2により示している[9]。

　もうひとつ両者の相違を挙げれば，測定値として採用する数値が異なる。SFAS 第5号が，第3章で示した原価累積を用いるのに対し，SFAS 第143号は公正価値を用いる。FASBはわが国やIASBが資産除去債務の測定と異なることを容認する形で現在価値を採らない。すなわち，SFAC 第7号において現在価値は経済主体固有の価値の代替的測定額ではないとしながらも，包含される要件を含んだうえで，公正価値の妥当性を主張した。

　これらの相違点から，SFAS 第5号が，収益費用中心観の視点を残しながらも，資産負債中心観への移行期であることを象徴させる規定であるのに対して，SFAS 第143号は，資産負債中心観を多く採り入れていることがわかる[10]。

3 IASB

本節では，IAS 第10号（1978）および IAS 第37号（1998）における引当金と偶発負債の区分に見る蓋然性要件を中心に取りあげる。

3.1 IAS 第10号（1978）から IAS 第37号（1998）へ

1978年に IASC より公表された（旧）IAS 第10号「偶発事象および後発事象」は，最初の公表後，1994年リフォーマットされ，1995年に IAS 第37号（1998）で差し替えられなかった部分を1999年に差し替え，（新）IAS 第10号「後発事象」として再度公表された。その後も IASB によって2003年に表題を「後発事象」（Events after the Balance Sheet Date），さらには2007年に IAS 第1号「財務諸表の表示」により行われた用語の変更の結果，「後発事象」（Events after the Reporting Period）と二度の変更を経て現在に至る。

まずは蓋然性要件の変遷として，（旧）IAS 第10号を取り上げる。

山下（2000, pp. 62-63）は，1978年に公表された（旧）IAS 第10号のうち偶発事象については1975年に公表された米国の SFAS 第5号の影響下にあったが，以下の4点において相違点がみられるという。

(1) （旧）IAS 第10号には，「可能性が高い」（probable）という用語の規定はない。少なくとも一般的定義はないので，会計士が（旧）IAS 第10号におけるどのような指針を適用するのか明確でない。
(2) （旧）IAS 第10号は，損失の引当額を決定する際，請求権の行使により回収可能額を考慮に入れることを要求する。しかし，引当金について，貸借対照表上，資産を別建て計上することにより相殺が指示されているのか，または相殺後の純額で計上されているのかに

ついて，不明確である。
(3) SFAS 第 5 号を含む米国基準，および AICPA により公表される公式見解は，偶発事象の開示の内容に多くの指針を与える。
(4) (旧) IAS 第10号は，後発事象（次期以降の事象）の指針を含む。米国においては，監査の公式見解が次期以降の事象に指針を与える。

(1)は，蓋然性要件の規定に関する明確性，(2)は損失引当時の回収可能額の問題など，(3)は偶発事象に対する開示の不十分，(4)は後発事象の指針についての相違を指摘するものであるが，ここでは本書のテーマに従い，(1)を中心に検討していく。

(旧) IAS 第10号 par. 6 は，蓋然性要件の規定として「将来事象が実際に発生する可能性は，一定の幅によって示すことができる」としている。また同 par. 8 において，発生の可能性が高い損失の計上に関して「偶発事象が結果として企業に損失をもたらす可能性がかなり高いものであるならば，その損失を財務諸表上に引当計上することが，慎重性にかなう取扱いである」と規定する。「一定の幅」については具体的には示されておらず，これにより経営者の恣意性の介入が懸念される。また(3)などからも，どのような事例が該当するかを経営者は判断するときに，(旧) IAS 第10号によって偶発事象に該当すると判断したものが，SFAS 第 5 号に当てはめると該当しないケースも存在する。

また第 8 項において発生の可能性が高い損失の計上が挙げられている。しかし，損失の発生可能性がある程度高い，またはほとんどないなどのケースは不明であり，これも SFAS 第 5 号を斟酌するしかないのである。

このように考えれば，(旧) IAS 第10号は，新たに基準化されるべくしてそうなったのかもしれない。

このような変遷を辿り，20年の歳月を経て，本書の研究対象である IAS 第37号（1998）は基準化されたのである。

3.2 IAS 第37号（1998）の蓋然性要件の特徴

IAS 第37号（1998）においても偶発負債の貸借対照表への計上はみとめられておらず，したがって引当金（provision）との対峙が生じていた。

そこで IAS 第37号（1998, par. 13）では，両者を次のように区分している。

- 引当金—現在の債務であり，債務を決済するために経済的便益を有する資源が流出する可能性が高いため，負債として認識されているもの（信頼性のある見積りが可能であると仮定して）
- 偶発負債—次のいずれかの理由で，負債として認識されていないもの
  （ⅰ）可能性のある債務で，企業が経済的便益をもつ資源の流出を引き起こす現在の債務を有しているか否かまだ確認していないもの
  （ⅱ）本基準における認識規準に合致しない現在の債務（その理由が，債務の決済に経済的便益をもつ資源の流出が必要となる可能性が高くないか，または，債務金額の十分に信頼性のある見積りができないかのいずれかであるもの）

これを基に，フローチャートにしたものが，図表4-3である。

まずは区分の前提として，過去の事象の結果として現在の義務が存在するか確認をする。この現在の義務は，完全に企業の支配外にある1つ以上の不確実な将来事象の発生または不発生によってのみその存在が確認できる発生可能性のある義務の履行の存在の確認によっても，いずれの場合も同様とみなされる。義務の発生の可能性がほとんどない場合は偶発負債として開示され，ない場合は潜在的債務として財務諸表上は無視されることになる。

次に，過去の事象の結果として現在の義務などが存在することが確認で

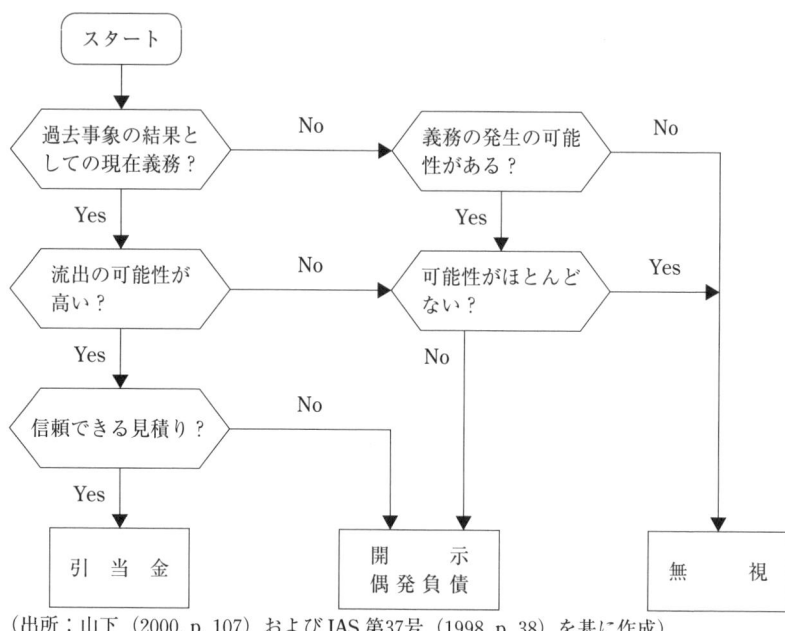

図表4-3　IAS 第37号（1998）の引当金に関する認識フローチャート

```
                    スタート
                       │
                       ▼
            ┌──────────────┐   No    ┌──────────────┐   No
            │過去事象の結果と├────────▶│義務の発生の可 ├──────────┐
            │しての現在義務？│         │性がある？    │           │
            └──────┬───────┘         └──────┬───────┘           │
                   │Yes                     │Yes                 │
                   ▼                        ▼                    │
            ┌──────────────┐   No    ┌──────────────┐   Yes      │
            │流出の可能性が ├────────▶│可能性がほとんど├───────┐   │
            │高い？         │         │ない？        │        │   │
            └──────┬───────┘         └──────┬───────┘        │   │
                   │Yes                     │No              │   │
                   ▼                        │                │   │
            ┌──────────────┐   No           │                │   │
            │信頼できる見  ├──────────┐     │                │   │
            │積り？         │          │     │                │   │
            └──────┬───────┘          │     │                │   │
                   │Yes               │     │                │   │
                   ▼                  ▼     ▼                ▼   ▼
            ┌──────────┐         ┌──────────┐          ┌──────────┐
            │引 当 金  │         │開  示    │          │無   視   │
            │          │         │偶発負債  │          │          │
            └──────────┘         └──────────┘          └──────────┘
```

（出所：山下（2000, p. 107）および IAS 第37号（1998, p. 38）を基に作成）

きたものは，将来の経済的便益のある資源の流出の可能性が高い（probable）という蓋然性要件の適用が行われる。この蓋然性要件に適合したものが，信頼のある見積りができるかという測定可能性により，引当金として計上される。また適合しなかったもの，すなわち，流出の可能性が低いものは，ほとんどその可能がない場合は財務諸表に計上されない。またそうでないものは偶発負債として開示される。さらに発生の可能性は高いが信頼ある見積りができない場合は偶発負債として，開示されることになる。

SFAS 第5号と比較すれば，蓋然性要件をいずれも認識基準に採り入れているが，その程度が異なる。つまり，SFAS 第5号が示す可能性が高い（probably）は，「ほぼ発生する（＝is likely to occur）」であるのに対し，IAS 第37号（1998）では，「発生の可能性が高く（＝is likely than not to occur）」

であり、それぞれの解釈がことなるのである。山下（2001, p. 37）によれば、この点に関して企業会計原則注解18の解釈は、SFAS第5号に近いものであるという。

4　環境負債と蓋然性要件

　環境負債は、環境問題や汚染浄化のために生じる将来の支払義務のことであり、環境コストが生じた場合の財務会計上の負債項目を環境負債という。環境負債の範囲を決める要因はさまざまある中で、そのひとつは環境コストに起因する。本節では、環境負債と蓋然性要件の関連性の変遷を紹介する。

4.1　環境負債認識の方向性

　まずは、環境負債認識の方向性を概説する[11]。

　環境コストは、「社会的コスト（social cost）」および「私的コスト（private cost）」の2つに分類される。

　社会的コストは、いわゆる「外部不経済」といわれ、企業などの活動が市場を経由せず他の企業などに影響を及ぼすことをいう。たとえば、大気汚染などに代表される公害は、まさに外部不経済（負の外部性）の代表的なものである。

　これに対して、会計上認識対象とすべきコストが私的コストであり、外部（社会）が負担すべきではなく、企業（私的）が負担すべきコストを指す。

　この2つを区分については、簡単に区分されているわけではなく、各国や地域、特に欧州と米国により考え方が異なっている。

　そのうちのひとつが、私的コストにおける「ペナルティーコスト」（環境法規制の不遵守による罰金や損害賠償など）の取扱いである。これらは、

当然根拠となる法や判決等が存在するため企業が負担すべきコストであることには異論はない。つまりそれが環境コストに該当するかつまり環境負債に該当するか否かという議論である。欧州統計局(Statistical Office of the European Communities)は，環境コストからペナルティーコストはすべて除外すると考える。そのため欧州を拠点とするAAF（Accounting Advisory Forum）やEC（European Commission）の思考も同様である。

それに対し米国は，第3章において自国の環境負債への取り組みを紹介したが，スーパーファンド法などからもわかるように，ペナルティーコストは制度会計上の環境コストと位置付けている[12]。

二つ目の問題点として，擬制債務の取扱いの相違を挙げている。第3章でもふれたが，法的債務と推定的債務の中位にある擬制債務の取扱いである。

SFAC第6号par. 40によれば，擬制債務は衡平法上の債務等を指し，倫理・道徳上の制約，つまり良心や正義感から正しいと信じる行為を行う義務感から生じるものであるとしている。もともと環境負債には，法的債務以外の債務を根拠とするものも少なくないためで，赤塚（2010, p. 29）は，「ちなみに，環境負債について言及した先行研究の多くが，擬制債務を法的債務と同列に扱うことについて肯定的である」と述べている。

確かに，環境会計の立場から考えれば，本来企業が自主的に環境修復などに関連する費用の支出，つまり自主的な判断によるものも含めて環境負債として認識すべきものである。しかし第3章でふれたように米国のSFAS第143号においては「法的債務および約束的禁反言の原則のみ」，日本においても同様の基準においては，実質は法的債務のみである。

三つ目の問題として，原因発生の時点による認識範囲の拡大である。すなわち，現在認識されている多くの環境コストは，当期以前（過去，または現在）の会計期間に帰属するコストである。前述したとおりペナルティーコストには国や地域より差があるとして，環境修復負債がこれに該当す

る。

　それに対して，2000年代に入り，将来の会計期間に属するコストの認識が多くなっている。具体的には，資産除去債務，電気・電子機器廃棄物処理負債（以上，第3章で紹介），環境保証債務などがこれに該当する。

　これらの項目を図で示したのが，図表4-4である。

　日本においては，環境修復負債や環境保証債務などは現在基準化されておらず，今後「引当金に関する論点の整理」で取り上げられる。いずれにしても，さまざまな環境負債が新たに認識されており，各国や各地域，およびそれぞれの会計基準によって大きく異なっているのが現実である。

　ここまでの内容から環境負債について考察すれば以下のとおりとなる。

　環境負債は，環境コストの発生に起因する負債項目である。その認識に関して，現状における各国や地域により異なり，環境法の整備や基準の厳格化，新たな環境コストの発生など様々な要因があることから，今後の方向性も不透明といわざるを得ない。

　つまり見てきたように，社会的コストの内部化により私的コストとして認識される場合もあれば，ペナルティーコストの取扱い，将来の会計期間

図表4-4　環境負債の分類　（　）は帰属する会計期間をさす。

ペナルティーコストに関する環境負債（当期以前）	・環境法規制等の不遵守による罰金など ・第3者への損害賠償支払額
環境修復負債（当期以前）	・米国のスーパーファンド法に代表される ・「厳格責任」「遡及責任」「連帯責任」を求める
資産除去債務（将来）	・2001年米国のSFAS第143号で初めて会計基準化 ・有形固定資産の除去に関連して発生する債務を指す
電気・電子機器廃棄物処理負債（将来）	・回収，処理，リサイクルなどの費用負担を生産者にもとめるもの
環境保証債務（将来）	・不動産売買や商用リース，アスベスト等の有害物質を含有する機材売買に際して締結されることが多く，その際に被保証人に生じた環境関連損失について保証人が補填する補償契約

（赤塚（2010, pp. 38-47）を参考に，筆者が作成）

に属するコストの認識などさまざまである。

しかし，いずれも趨勢として，認識は現状よりも「拡大」されるという方向性は，確かではなかろうか。

4.2 環境負債の蓋然性要件に関する整合性分析

負債の認識は，どの基準にも「測定可能性」が採り入れられているため，蓋然性要件を採り入れているかにより，「蓋然性＋測定可能性」と「測定可能性のみ」の2通りに分かれると考えられる。前項で取り上げた環境負債について，その認識に関する基準等についてその整合性を分析していく。図表4-5の「認識方法」を参照されたい。

まず当期以前の会計期間に属するコストとして従来から認識されていた「ペナルティーコストに係る環境負債」「環境修復負債」について分析する。これらは，現況ではIASBのIAS第37号（1998），FASBのSFAS第5号およびSOP 96-1に捕捉されている。これらは，いずれも「蓋然性＋測定可能性」を認識要件に含めており整合性がある。（今後の方向性を示すものとして，IAS第37号改訂案（2005）があり，こちらは「測定可能性のみ」を提案している。以下同様であり，IAS第37号改訂案（2005）は図表には反映されていない。）

これらに対し，2000年代以降，新たに将来の会計期間に属するコストとして認識される環境負債には整合性がない。

まず「資産除去債務」は，現況においてIASBではIAS第37号（1998）「蓋然性＋測定可能性」，FASBではSFAS第143号，FIN第47号では「測定可能性」に捕捉されている。IASBとFASBの間では相違するが，基準間の中での矛盾はない。

同様に「電気・電子機器廃棄物処理負債」は，現況においてIASBではIAS第37号（1998）およびIFRIC第6号「蓋然性＋測定可能性」，FASBではFASB Staff Position143-1.（以下，「FSP143-1.」という）では「測定

可能性のみ」が捕捉されており，IASB と FASB の間では相違するが，基準間の中での矛盾はない。しかし，環境保証債務においては IASB では IAS 第37号（1998）により「蓋然性＋測定可能性」が，一方 IAS 第39号では「測定可能性のみ」となっており，基準内でも矛盾が生じている。また FASB では FIN 第45号により「測定可能性のみ」となっている。

　以上で，環境負債ごとに認識方法に適用される基準について「蓋然性＋測定可能性」「測定可能性のみ」のいずれを採用しているか，また両方を採用しているかについて確認した。

　さらにこれを踏まえて整合性分析を行う。引き続き図表4-5の「整合性分析」を参照されたい。

　①は，環境負債名での整合は，環境負債名すなわち環境負債の性質により矛盾がないかを示すものである。②は，基準間整合性として，IASB と FASB の認識方法が相違していないかどうかを示す。③は，さらに基準内に該当する複数の基準等が存在する場合，それが矛盾していないかということである。該当する基準が一つだけの場合は，矛盾していないものと考える。

　「ペナルティーコストに係る環境負債」「環境修復負債」については，整合性を有している。つまりいずれも「蓋然性＋測定可能性」で統一されているためである。換言すれば，2000年より前に認識されたものが多いため「測定可能性のみ」で捉えた基準が存在しないためである。またこれらは，②IASB・FASB 間の基準間での整合性③IASB・FASB それぞれの会計基準設定機関内での基準内での整合性のいずれも満たしており，問題ない。

　次に「資産除去債務」「電気・電子機器廃棄物処理負債」「環境保証債務」については，「蓋然性＋測定可能性」「測定可能性のみ」のいずれにも基準等が存在するため矛盾が生じていることが分かる。つまりこれらは，一つの環境負債で，異なる認識方法を示す基準があることになる。

　しかし「資産除去債務」「電気・電子機器廃棄物処理負債」については，

図表4-5　環境負債の蓋然性要件に関する整合性分析

環境負債の名称	認識方法（太字はFASB）		整合性分析		
	蓋然性＋測定可能性	測定可能性のみ	①環境負債名での整合	②基準間整合（IASB・FASB間）	③基準内整合（IASB・FASB内）
ペナルティーコストに係る負債	● (IAS37, **SFAS5**)	－ －	○	○	○
環境修復負債	● (IAS37, **SFAS5**, **SOP**96-1)	－ －	○	○	○
資産除去債務	● (IAS37)	● (**SFAS**143, **FIN**47)	×	○	○
電気・電子機器廃棄物処理負債	● (IAS37, IFRIC6)	● (**FSP**143-1)	×	○	○
環境保証債務	● (IAS37)	● (IAS39, **FIN**45)	×	×	×

認識方法：●…該当する基準等あり（一部該当含む）　－…該当する基準等なし
整合性分析：○…整合性あり　　×…整合性なし
（出所：赤塚（2010, p. 48）の表3.1を参考に，筆者が作成）

IASB・FASBという会計基準設定機関内での基準間の整合性は有している。ところが「環境保証債務」については，同じIASB内において，該当する基準にIAS第37号およびIAS第39号が該当し，かつ，異なる認識方法を示しているため，会計基準設定機関内での基準間で整合性を有していないことになる。

　これまでの分析により，考察を行えば，以下のとおりとなる。

　まずは，本来環境負債の性質（名称）から，その認識方法が決定されるべきであるが，そうではないということである。この点は赤塚（2010, p. 49）も「環境負債の性質というよりは，むしろ会計観という外的要因の影

響を大きく受けているのである」と指摘している。ここでいう「会計観」とは，資産負債中心観・収益費用中心観を指しているものと推測される。すなわち，「ペナルティーコストに係る環境負債」「環境修復負債」はSFAS第5号などに基づく収益費用中心観による借方科目の費用を重視しているもので，その蓋然性の認識の高さを変えただけである IAS 第37号（1998）に引き継がれている。ただし，IAS 第37号（1998）は，蓋然性要件と環境負債に環境コストの負債性を求めたものであるといえよう。

この矛盾を解消するにはいくつかの方法が考えられる。

たとえば IAS 第37号改訂案（2005）を採用し，IAS 第39号や SFAS 第143号などとの整合性をもたせることである。また異なる考え方として，IAS 第37号（1998）の考え方を継続したうえで，測定に公正価値を原則としつつも，蓋然性要件を含むことを容認することである。

次に環境負債は今後その認識が拡大される可能性が高いことは，これまでも本書で指摘するところである。しかしそれは無制限に認識されることを容認するわけではない。つまり，「蓋然性＋測定可能性」と「測定可能性のみ」を比較すれば，後者の方が認識される範囲は拡大されるが，それによって認識されるものは，何であるかを考えなければならないということである。

5　まとめ

本章においては，非金融負債会計における蓋然性要件の変遷および現況について取り上げた。

まずわが国においては，蓋然性要件は企業会計原則注解18によって示されているが，SFAS 第5号に倣ったもので，独自性のある思考は見られなかった。SFAS 第5号の思考を採り入れた企業会計原則注解18は，引当金と偶発債務の区分に収益費用中心観からの思考に基づき，蓋然性（認識す

る可能性）の程度の変更があったものの，それは根本的な問題点を解決するものではなかった。非金融負債会計の源泉である引当金は，他のものと比べてそれぞれの国や地域においてさまざまな取扱いをされてきた。それにはそれぞれの理由があったとの前提に立てば，それ相応の後ろ盾を持って会計基準作成時に取り組むことが必要であろう。

次に米国における蓋然性要件についてSFAS第5号とSFAS第143号を取り上げた。SFAS第5号は，偶発損失に関する規定として，資産が減損し，または負債が発生する可能性が高い場合を前提に，その損失の事実を確認するための事象が将来発生する可能性が高いということが暗示されていることを計上要件のひとつに挙げた。この規定に関する蓋然性要件は，発生の可能性が高いという可能性を3つに分けもっとも高いレベルにおいて認識することを求めた。しかし具体例としてどのようなケースがどの段階に入るものかが明示されなかったため，有効な機能を果たさなかった。特に計上される高いレベルとそうでないレベルの境界線が曖昧であったため，混乱を招いた。またこの規定は，資産や負債から蓋然性要件の判定を求めており，収益費用中心観と資産負債中心観の両方の会計観を持つものと考えられる。

また，SFAS第5号とSFAS第143号を比較すれば，SFAS第143号の蓋然性要件の削除が，会計処理面からも資産負債の両建処理を採用したことから判断できる。また測定面からも期待キャッシュ・フロー（期待値による測定）を採用することが，蓋然性要件を必要としない測定方法であることがわかった。

IASBの蓋然性要件は，IAS第10号（1978）およびIAS第37号（1998）について触れた。IAS第10号（1978）は，SFAS第5号の影響を受けたものであるが，蓋然性要件について，規定の明確性が不十分であった。具体的には「一定の幅」によって示されるとされたものが明示されておらず，これにより経営者の恣意性の介入の懸念を招き，事例によって，参考とさ

図表4-6　企業会計原則・SFAS第5号・IAS第37号（1998）の比較

	企業会計原則	SFAS第5号	IAS第37号（1998）
名称	引当金	見積負債（estimated liability）	引当金（provision）
会計的中心観	収益費用中心観	収益費用中心観（一部資産負債中心観）	資産負債中心観
現在の債務	要件としない	要件とする	要件とする
貸倒引当金や修繕引当金	両者を引当金と考えている	貸倒引当金のみ引当金に該当	両者を引当金と考えない
引当金に関する判断規定	実務指針（日本公認会計士協会）	FASBのEIFT	IASCのIFRIC
引当金（負債）の認識における蓋然性要件	採り入れている　　　　　　SFAS第5号と同様に，確率の高い	採り入れている　　　　　　ほぼ発生することを指す	採り入れている　　　　　　SFAS第5号よりはゆるやかに解釈される

（出所：山下（2001, pp. 36-37）を参考に，筆者が作成）

れるSFAS第5号との不整合を招いた。

　最後に，環境負債の観点から，その蓋然性要件の変遷をたどり分析を行った。環境負債が企業の負債として認識されるのは私的コストと認識された場合である。しかし，この私的コストと対峙される社会的コストの取扱いは，ペナルティーコストや擬制債務について各国や地域などにより取扱いが異なるという，環境負債独自の問題点が存在した。またわが国においては，環境修復負債や環境保証債務などは基準化されておらず，今後その認識が検討される現況を指摘した。

　さらに環境負債の蓋然性要件に関する会計基準間の整合性分析を行った。その結果から得られたこととして，本来環境負債の性質（名称）から，その認識方法が決定されるべきであるが，そうではなく外的要因となる会計基準によりその取扱いが決定されている現況を示した。

　また近年設定された会計基準は蓋然性要件を削除した測定可能性のみを認識要件とする会計基準がほとんどである。今後の環境負債の認識範囲の

観点として,蓋然性要件に加え測定可能性を求める従来の会計基準より認識範囲は拡大されることを指摘した。

なお本章までの内容に即して,現況における,わが国およびFASB, IASBの非金融負債に関する蓋然性要件の規定を表す,企業会計原則およびSFAS第5号,IAS第37号(1998)についてまとめれば,図表4-6の通りとなる。

注記

1) 同じような意味で用いられている用語として可能性(possibility)がある。可能性は,本来厳密には「ある・ない」で示される(伊原吉之助(2003)「関西師友」より)。しかし現在では確率や見込みの要素も含むため,蓋然性同様「高い・低い」という表現がなされる。
2) 江村(1961)
3) ここでの偶発債務は本書での偶発負債と同意と考える。
4) 稲垣(1982)
5) 山下(2000, pp. 35-50)
6) 同上(2000, p. 38)
このSFAS第5号の見解に対して,嶌村(1983)は「特定事象の生起によって,価値減少の起因原因とは区別された意味での,価値減少,そのものが生じていた(完了形)ことが確認されるという表現は論理的に問題があるように思われる」と批判的である。また細田(1983, p. 94)も「偶発損失は,少なくとも期末現在においては,将来の不確実であることが基本的要件であるはずです。期末現在すでに発生しているとか,存在しているということ自体が,論理的に自己矛盾をおかすものといわねばなりません」としており,見解の前提的な条件に異論があるとしている。
7) 同上(2000, p. 38)
8) SFAS第143号(footnote 24 and pars. 4-5, B36)
9) 第3章「2.2 SFAS第143号公表までの議論」のうち,pp. 53-55を参照されたい。
10) 資産負債の両建処理として,除去費用を資産計上するとともに減価償却により費用配分を行うことから,混合思考中心観と考えることもできる。
11) 赤塚(2010, pp. 17-55)より。
12) 折衷案としてUNCTAD(United Nations Conference on Trade and Development)が示した「環境関連コスト(environmentally-related costs)」を設ける案がある。これは「環境コストからペナルティーコストを除外したうえで,環境コストに準じる

項目を収容する区分を設ける」というものである。しかし環境関連コストは，環境コストではないことになるため，赤塚 (2010, p. 31) では，環境負債の定義自体を「環境コストまたは環境関連コストに起因する負債」とおくことでこの案を一考できるとしている。

参考文献

American Institute of Accounts, Committee of Accounting Procedure (1958) *Contingencies. Accounting Research Bulletin No. 50*.

American Institute of Certified Public, Accountants Accounting Standards Executive Committee (1996) *Environmental Remediation Liabilities ,Statement of Position 96-1*, AICPA.

Financial Accounting Standards Board (1975) *Accounting for Contingencies. Statement of Financial Accounting Standards No. 5*, FASB.

Financial Accounting Standards Board (1976) *Reasonable Estimation of the Amount of Loss. FASB Interpretation No. 14*, FASB.

Financial Accounting Standards Board (1985) *Elements of Financial Statements. Statement of Financial Accounting Concepts No. 6*, FASB.

Financial Accounting Standards Board (2000) *Using Cash Flow Information and Present Value in Accounting Measurements. Statement of Financial Accounting Concepts No. 7*, FASB.

Financial Accounting Standards Board (2001) *Accounting for Asset Retirement Obligations.* Statements of Financial Accounting Standards No. 143, FASB.

Financial Accounting Standards Board (2002) *Guarantor's Accounting and Disclosure Requirements for Guarantees, Including Indirect Guarantees of Indebtedness of Others—An Interpretation of FASB Statements No. 5, 57, and 107 and Rescission of FASB Interpretation No. 34. FASB Interpretation No. 45*, FASB.

Financial Accounting Standards Board (2005) *Accounting for Conditional Asset Retirement Obligations : An Interpretation of FASB Statement No. 143*. FASB Interpretation No. 47, FASB.

International Accounting Standards Board (2003) *Events After the Balance Sheet Date, Revised version of IAS No. 10 (1978)*.

International Accounting Standards Board (2005a) *Amendments to IAS No. 37, Provisions, Contingent Liabilities and Contingent Assets and IAS No. 19 Employee Benefits. Exposure Draft of Proposed*, IASCF.

International Accounting Standards Board (2005b) *Liabilities Arising from Participating in a Specific Market —Waste Electrical and Electronic Equipment. IFRIC No. 6, Inter-*

national Financial Reporting Interpretations Committee.

International Accounting Standards Board (2007a) *Presentation of Financial Statements, Revised IAS No. 1* (1997).

International Accounting Standards Board (2007b) *Events After the Reporting Period, Retitled IAS No. 10* (2003) *as a consequential amendment resulting from revisions to IAS 1* (1997).

International Accounting Standards Committee (1978) *Contingencies and Events Occurring After the Balance Sheet Date, International Accounting Standard No. 10*.

International Accounting Standards Committee (1998a), *Provisions, Contingent, Liabilities and Contingent Assets. International Accounting Standard No. 37*.

International Accounting Standards Committee (1998b) *Financial Instruments: Recognition and Measurement. International Accounting Standard No. 39*.

International Accounting Standards Committee (1999) *Events After the Balance Sheet Date, superseded those portions of IAS No. 10* (1978).

Kerr, Jean St. G. (1984) *The Definition and Recognition of Liabilities. Accounting Research Monograph No. 4*, AARF.(徳賀芳弘訳(1999)「負債の定義と認識第2版」)九州大学出版会

赤塚尚之(2010)『環境負債会計論』滋賀大学経済学部

石崎忠司・黒川保美編著(2009)『公共性志向の会計学』中央経済社

稲垣富士男(1982)「引当金の論理」『企業会計』第34巻第8号, pp. 1191-1196.

江村稔(1961)「期間費用の確定と引当金」『會計』第80巻第3号, pp. 383-401.

加古宜士(2000)『財務会計概論(第3版)』中央経済社

河野正男・上田俊昭・八木裕之・村井秀樹・阪智香編著(2009)『環境財務会計の国際的動向と展開』森山書店

嶌村剛雄(1983)「引当金の計上論拠と分類」『會計』第123巻第3号, pp. 358-371.

細田末吉(2003)『引当金の経理実務』日本経済新聞社

山下壽文(2000)『偶発事象会計の国際的調和化—米国基準・IAS・日本基準の比較』同文館

山下壽文(2001)「偶発事象会計論—SFAS第5号とIAS第37号に関連して」『會計』第160巻第6号, pp. 26-39.

企業会計基準委員会(2008)企業会計基準第18号「資産除去債務に関する会計基準」財務会計基準機構

第5章 非金融負債会計と蓋然性要件(2)
―蓋然性要件の削除に関する考察―

はじめに

本章では,IAS 第37号改訂案(2005)および企業会計基準委員会の「引当金に関する論点の整理」に基づき,第4章の変遷を踏まえて,蓋然性要件に関する考察を行っていく。

1 蓋然性要件の方向性

IAS 第37号改訂案(2005)においては,蓋然性要件を削除することが提案されている。

2008年2月の IASB の会議において,再審議の上,蓋然性要件の削除の方針を再確認している。しかしその後の IAS 第37号再公開草案(以下,IAS 第37号改正案(2010)という)に対するコメントとして,範囲を測定に限定した公開草案であるにもかかわらず,企業会計基準委員は「引当金に関する論点の整理」に対するコメントおよび引当金専門委員会での意見を踏まえ,幾度となく検討され,その結果反対意見が表明されている。

蓋然性要件の削除は,「引当金に関する論点の整理」において,図表2−2で示した「当該債務の決済のために,経済的便益を持つ資源の流出が必要となる可能性が高く」が削除されたことを示したうえで,同第26項において,IAS 第37号改訂案(2005)が「その場合,発生に係る不確実性は認

識でなく測定に反映されることになる」ことを紹介している。

さらにそれを具体的に示したものとして「なお，現在の債務を有しているかどうか不確実な場合には，蓋然性要件の適用に代えて，過去の経験や専門家の助言等，期末日現在入手可能なすべての証拠を織り込んだ上で判断することが提案されている。また，偶発負債という用語も削除することが提案されており，その結果，決済金額が1つまたは複数の不確実な将来事象に左右される負債は，不確実な将来事象が発生する（または発生しない）蓋然性とは無関係に認識されることになる」と規定している。つまり測定としての「金額」の不確実性と，認識における「生起する確率」とは異なり，「金額」の決定には蓋然性は考慮されるとしている。

この方向性を踏まえ，次にIAS第37号(1998)とIAS第37号改訂案(2005)における蓋然性要件の取扱いを比較する。

2 蓋然性要件の取扱い

本節では，負債の定義や引当金の認識要件でも使用され，蓋然性要件を決めるものとして用いられる「現在の債務」と「将来の経済的便益の流出」についてその方向性から検討を行う。そののち，蓋然性要件の削除による認識の変化を検討したうえで，いくつかの項目について評価点や問題点を洗い出し，いくつかの考察を行う。さらに，蓋然性要件の削除から派生して生じる問題についてもテーマとして取り上げる。

2.1 「現在の債務」と「将来の経済的便益の流出」

蓋然性要件の取扱いを決定するものは「現在の債務」と「将来の経済的便益の流出」である。現行の概念フレームワークの負債の定義に関して，図表3-5においてASBJ・IASB・FASBともに，「現在の債務」と「将来の経済的便益の流出」（同意と考えられるものを含む）を含んでいること

は確認した。

　しかし，どちらを前提（優位）として記載しているかはそれぞれ異なる。すなわち FASB が，負債は「現在の債務から生じる，（中略）将来の経済的便益の犠牲」であると結んでいる。これは「将来の経済的便益の流出」を前提（優位）としており，「現在の債務」は単にその発生原因を指している。これに対し，IASB は負債を「現在の債務であり，…（中略）…経済的便益を有する資源が当該企業から流出すると予想されるもの」であるとして，「現在の債務」を前提としており，「経済的便益の流出」はその後の事象を示している。日本は，IASB に近く，「現在の債務」を前提（優位）に捉えている。

　また，今後の方向性を示す IASB・FASB 概念フレームワーク共同プロジェクトにおいては，「将来の経済的便益の流出」という文言自体が消え，「現在の（経済的）債務」のみが残ることになった。

　同様の確認を各基準の引当金の認識要件にあてはめてみると，企業会計原則注解18は「将来の特定の費用または損失」であることが「将来の経済的便益の流出」と解され，「現在の債務」の要件に相当するものは見当たらない。IAS 第37号（1998）では，「現在の債務」を有していることを前提に「経済的便益を持つ資源の流出」が必要となる可能性が高いことを述べている。そのため，両方記載はあるが，「現在の債務」を前提（優位）としている。

　これに対して，今後の方向性を示す IAS 第37号改訂案（2005）では，「負債の定義を満たしており，信頼性のある見積もりができる」ことが引当金（非金融負債）の認識要件とされる。これは一見すると「現在の債務」と「経済的便益の流出」，いずれの記載もないように思える。しかしキーワードの「負債」を概念フレームワークのいずれ（現行・共同プロジェクト）かと組み合わせることにより判明する。今後の方向性として共同プロジェクトの「負債」として捉えれば「現在の債務」となる。これは，IAS 第37

号改訂案（2005）における非金融負債の認識は概念フレームワークの「負債」の定義に依存することを指す。

ここまでをまとめたものが，図表5-1である。

図表5-1によれば，今後の方向性を示す「IASB・FASB概念フレームワーク共同プロジェクト」および「IAS第37号改訂案（2005）」は，いずれも「現在の債務」のみから捉えることを求めている。

それでは次に，この「現在の債務」と「将来の経済的便益の流出」の取扱いを検討する。現実的な方法として3つを掲げ，以下に考察を行うことにする。

まずは，今後の方向性から「現在の債務」のみで非金融負債を捉えていく方法（第1法）である。

次に，現行の基準にみられる「現在の債務」と「将来の経済的便益の流出」の併記により非金融負債を捉えていく方法（第2法）である。

図表5-1 「現在の債務」と「経済的便益の流出」の取扱い

	◎…記載あり（優位） ○…記載あり ×…記載なし ——…規定なし	
概念フレームワーク（負債）	現在の債務	（将来の）経済的便益の流出
日本	◎	○
IASB	◎	○
FASB	○	◎
IASB・FASB共同PJ	◎	×
引当金・非金融負債の認識要件	現在の債務	（将来の）経済的便益の流出
日本（注解18）	×	◎
IAS第37号（1998）	◎	○
IAS第37号改訂案（2005）	◎	×
FASB（引当金規定なし）	——	——

（筆者作成）

三番目に，企業会計原則注解18の「将来の経済的便益の流出」のみで非金融負債を捉えていく方法（第3法）である。

まず第1法を選択した場合，評価点としては，非金融負債の捉え方が単純になる。つまり，現在・過去・将来のバランスから検討することなく，期末日現在での認識が可能となる。また負債の測定に関しても期末日現在の決済額によることが検討案として示されており，その点において整合性を有する。

一方問題点として，田中建二（2010, p. 22）は第1法を採る場合，「過去の事象・現在の債務・将来の経済的便益の犠牲」など，様々な時点から検討されていた負債が「現在」のみを焦点とすることなどを懸念している。会計が継続企業を前提とする中で，会計観として非金融負債の認識・測定にかかる時間軸が「現在」のみで決定されることは，そこから導き出される会計数値の意味を問われることにもなる。

第2法を選択した場合，現行のIASBや日本の概念フレームワークなどを踏襲することを意味する。この方法を選択した場合の評価点としては，非金融負債を，現在のみで捉えず，将来など他の時間軸からも捉える事ができることである。また，本来「現在の債務」として負債計上するものは，「将来の経済的便益の流出」のはずであるから，稀なケースがあり，個々に議論をすべきものがあるとしても一体と考える方が自然である。

しかし第2法を選択した場合の問題点は，「将来の経済的便益の流出」が蓋然性要件の存続につながることである。つまり将来の不確実性は蓋然性要件による判断を必要とする。このため，「将来の経済的便益の流出」を残すことは，「蓋然性要件の削除」とは整合性を持たないことになる。

第3法を選択した場合は，経済的概念から負債を捉えることになる。評価点として，法的概念よりも経済的概念から捉えた方が，会計上は理解しやすい。つまり，負債を「将来の経済的便益の流出」があると捉えることは，将来の支出を意図することであるから，単純で理解しやすい。

しかし,「将来の経済的便益の流出」のみで負債や引当金を捉えた時期は, 様々な引当金が費用化されており, その乱用が問題となっていた。

このように3つの方法について, その可能性を論じてきたが, いずれも一長一短である。しかしこれまでの基準がほとんど第2法を用い, 併記してきたのは, そういった両者の長所・短所を補完してきたからではないだろうか。

つまり第1法を選択することは「蓋然性要件の削除」を前提としていると考えられ,「現在の債務」と「将来の経済的便益の流出」との相乗効果は考慮されていないものと考えられる。

2.2 蓋然性要件の削除による認識の変化

蓋然性要件の削除により, これまでの「引当金」と対峙してきた「偶発負債」は「非金融負債」に統一される。これまでIAS第37号（1998）において, 引当金および偶発債務の区分は,「現在の債務」か「潜在的債務（possible obligation）」に区分されていた。

現在の債務に該当するものは, 以下の流れにより3つに区分される。

信頼性ある測定が可能であり, かつ, 発生の可能性が高いと判断された場合は引当金として認識され, 財務諸表上に測定された値が計上される。

信頼性ある測定が可能であり, かつ, 発生の可能性が低いと判断された場合は偶発負債として認識され, 財務諸表上には注記開示される。

信頼性ある測定ができない場合も偶発負債として認識され, 財務諸表上には注記開示される。

また潜在的債務とは, 過去の事象から発生するもので, 企業が必ずしも支配可能な範囲にあるとはいえない将来の1つまたは複数の不確実な事象が発生するか, または発生しないことによってのみ, その存在が確認される債務をいう。この潜在的債務も偶発負債として財務諸表上には計上されず, 注記開示される。

図表5-2 蓋然性削除による認識の変化（※は注記開示）

	IAS 第37号（1998）	IAS 第37号改訂案（2005）
現在の債務（present obligation）		
発生の可能性が高い	引当金	非金融負債
発生の可能性が低い	偶発負債※	非金融負債
信頼性ある測定ができない	偶発負債※	非金融負債※
潜在的債務（possible obligation）	偶発負債※	―※

（出所：「引当金に関する論点の整理」p. 13, 図表2より）

つまり，現在の債務であり，発生の可能性の高いもののみが，引当金として認識され，それ以外は偶発負債として注記表示される。

一方 IAS 第37号改訂案（2005）においては，現在の債務として認識されるものは，すべて非金融負債として認識されることになる。なお信頼性ある測定ができない場合も非金融負債として認識された上で，注記開示されることになる。

また，潜在的債務という概念は，IAS 第37号改訂案（2005）公表時においては必要ないとされた。しかしその後のコメントから，存在するか否かが不確実な項目で現在の債務が存在しないと判定される場合があるとして，これを注記開示することに暫定合意している（論点整理第113項）。

以上を示したものが，図表5-2である。

3　蓋然性要件の削除の評価点・問題点

前節の蓋然性削除による認識の変化を踏まえて，いくつかの項目により評価点および問題点を列挙して考察を行う。

3.1　経営者の恣意性の排除

まず引当金と偶発負債は，非金融負債へと認識名称が変わり統一された。これは，今まで「発生の可能性」という蓋然性により，引当金と偶発負

債に区分し，財務諸表に計上するものと注記表示するものに分けていたため，注記表示するものの総称として偶発負債が用いられていた。これが蓋然性要件の削除によりその必要性がなくなり，「発生の可能性が低い」場合も非金融負債となることを可能にした。さらに，現在の債務であるが「信頼性のある測定ができない」場合も，「未認識の非金融負債」であるとして，あくまで非金融負債としてとらえていくことにした。

これら一連の流れは，経営者の恣意性を排除できる点において評価できる。すなわち，発生の可能性の高低の区別が，経営者に委ねられてきたことが排除される。これまでの問題点としても，発生の可能性の高低は，基準により発生の可能性が高いことを示す目安であるレベル「50％」や「確実なもの」などそのものが妥当であるかの是非が問われたはずである。またある事象が発生した場合に，経営者により認識するか否かの判断が異なるケースがあり，それが恣意的に行われるケースの可能性も否定できない。

例えば，J. E. Boritz（1990）はカナダを中心に蓋然性に関する個々の判断のばらつきを示す調査を行っている。

それによれば，SFAS 第 5 号における蓋然性の判断基準，「蓋然性が高い（probable）」，「相当程度の蓋然性が認められる（reasonably possible），「蓋然性は乏しい（remote）」を例に挙げてどのくらい確率の高さがそれに該当するのかを調べた。

その結果「蓋然性が高い（probable）」が平均値で70％，範囲としては40％〜80％，「相当程度の蓋然性が認められる（reasonably possible）」では平均値で60％，範囲としては同じく40％〜80％，「蓋然性は乏しい（remote）」においては，平均値で10％，範囲として 0 ％〜25％となった。

この結果をみると，「蓋然性が高い（probable）」と「相当程度の蓋然性が認められる（reasonably possible）」に大きな差異はない。両者とも平均値において50％を大きく超えている。つまり両者の区別はついていないことになる。また本来認識すべき「蓋然性が高い（probable）」場合，範

第 5 章　非金融負債会計と蓋然性要件(2)　155

囲が40%〜80%であることから，仮に経営者が40%と判断した場合認識しないケースもあることがわかる。逆に認識すべきでない「相当程度の蓋然性が認められる(reasonably possible)」場合では，同様に範囲が40%〜80%であるため，仮に経営者が80%と判断した場合，認識すべきではないケースであるのに認識してしまうケースがある。

Boritz は，これを IAS 第37号（1998）と SFAS 第 5 号という基準間の認識相違に当てはめて考察している。

すなわち IAS 第37号（1998）は，蓋然性を「ある事象が発生しない確率よりも発生する確率が高い（more likely than not）」としており，これは50%を超える場合に認識することは明らかである。それに対して SFAS 第 5 号における蓋然性は高く設定されているとしている。

Boritz の調査結果を示せば，図表 5 - 3 の通りとなる。

調査が示す蓋然性に関する曖昧さについては，蓋然性要件を削除することを肯定することにはならない。それは，今後の非金融負債会計の策定に際し，一定の容認可能な蓋然性要件を定めることにより問題は解消されるためである。これまでのように解釈指針や実務慣行に任せることも一考である。また，これまでの考察から取引事象に対する経営者の発生確率の認識がすべて同一とは，もともと限らない。

それよりも考慮しなければならないのは，現在の債務ではあるが発生の可能性が低いためこれまでは引当金として認識されなかったものが，非金融負債として認識されるということである。言い換えれば，発生の可能性の低いものまで認識するということは，信頼性ある測定ができないことと同意ではないかということである。

これまで指摘されてきた蓋然性の問題点は，発生の確率が低い事象ではあるが財務諸表上オフバランスすべきではないケースがあるのではないかという点である。すなわち，たとえ 1 %の確率であっても，100億円の 1 %であれば， 1 億円であり，これは財務諸表上無視できないという「金額の

図表5-3　Bortiz の調査による蓋然性の解釈

用語	平均値	範囲
Remote	10%	0％～25%
Slight	15%	0％～30%
Unlikely	20%	5％～35%
Possible	50%	25％～75%
reasonably possible	60%	40％～80%
Probable	70%	40％～80%
Likely	70%	40％～80%
high probably	85%	70％～100%

(出所：J. E. Boritz (1990) による)

多少の問題」である。しかし，やはり「確率の高低の問題」からすれば，1％の発生事象を正確に見積もることは信頼できる測定とはいえない。

また「信頼性ある測定」が行えるかどうかは，調査コストも含め，経営者の恣意性に委ねられるのではないだろうか。

この「信頼性ある測定」は，IAS 第37号改訂案（2005）が負債の測定に期待キャッシュ・フローを用いることとも関連する。

3.2　信頼性ある測定

ここでは期待キャッシュ・フローに関する，IASB の公表された改訂案，およびそのコメントのやりとりから，IASB の信頼ある測定に関する見解を見ていく。

IAS 第37号（1998, par. 36）における測定に用いられる金額は，以下のとおり規定されている。

・期末日における現在の債務の決済に要する支出の最善の見積り
（具体的に示すと以下のとおり）
・債務を決済するために企業が合理的に支払う金額

第5章 非金融負債会計と蓋然性要件(2) 157

・債務を第三者に移転するために企業が合理的に支払う金額

これに対してIAS第37号改訂案（2005）においては，以下のとおり変更している（「引当金に関する論点の整理」第54項より）。

・期末日において現在の債務の決済または第三者への移転のために合理的に支払う金額

相違点としては，「最善の見積り」という用語を削除したことである。
つまり，最善の見積りをおこなうことは，確率の高低の問題，つまり蓋然性要件も含むと考えられるためである。

これに対し，改訂案によれば，期末日現在と，現在の債務であることを確認したうえで，第三者への合理的支払額を測定すればよいのである。

まずこれら一連の負債の測定に関する改訂案のうち，上記の測定金額に対するコメントおよびIASBの見解を示せば下記のようなものであった。

IAS第37号改訂案（2010, par. BC5 and BC6）によれば，IAS第37号改訂案（2005）の測定に関して，コメントレターは以下の3点を批判した。

まずは，測定の目的，決済および決済金額の解釈が不明瞭な点である。
具体的には，債務の履行としての決済なのか，または債務の解消としての決済なのかというコメントやその場合測定される決済金額や移転金額の相違点やどちらを優先して用いるべきなのかというコメントである。これに関してIASBは，企業自体が，現在の債務を決済するために，期末日に合理的に支払う金額で負債を測定することは，全体の測定目的を示すことであるとしている。したがって，測定目的は，実際の債務の移転または債務の決済価格を示すものであり，仮定の域を出ないものは測定されないとする。

IAS第37号改訂案（2010, par. BC9）では，それを踏まえたうえで，次

の3つの最も低い金額を合理的に支払う金額としている。

・債務を履行するために要求される資源の現在価値
・企業が債務を決済するために支払わなければならない金額
・企業が債務を第三者に移転するために支払わなければならない金額

　このように示されたのは，測定として現在の債務を決済または移転するために支払う金額が，イコール，基準が負債として示す範囲を適切に示していないというコメントから，その範囲の適合性を考慮したためである。
　また，期待値による測定が，最頻値による測定より適切なのか，また適切であってもコストがかかり複雑であるのではないかというコメントに対して，期待値による測定の具体例を示すことを考慮したものである。
　さらに，この改訂案が資産除去債務のような将来のキャッシュ・アウトフローの見積りに含めるべき種類についての何らかの指針を示すべきという指摘があったことも上記の3つを示した理由に挙げられるであろう。
　このような測定金額に関するやりとりから，IASB は IAS 第37号改訂案（2005）をベースに測定金額に関する定義を定めていこうとしている
　次に測定金額としての期待キャッシュ・フローに関して，あらためて関連するコメントを，IAS 第37号改訂案（2010, par. BC7）より列挙すれば以下のようになる。

・株主などが，企業の将来キャッシュ・フローの予測としての必要な情報は，負債の測定として最頻値によるものではないか。
・期待値による負債の測定は，不確実性を有しており見積を誤る可能性があるため，最頻値のものより信頼性に欠ける。
・期待値の計算には，多くの情報を得なければならず，また計算も複雑となるためコスト面においても支持できない。

・係争中の被告人などを想定した場合，期待値による負債の測定は，相手方に起こりそうな結果についての見解を求めることになるため，信頼性のある数値の開示は期待できない。その場合，米国の基準とも矛盾を生じさせることになる。

これらのコメントに対し，IAS 第37号改訂案（2010, pars. BC14, BC15, and BC18）において以下のような反論をしている。

・株主などは，企業自体が負債の支払額を多く支払うことを前提としているわけではなく，それをどのくらい少なく支払っているか測定する結果を，最も多く起こりそうな結果ではなく，可能性のあらゆる結果を考慮に入れる。
・企業およびその経営者は，株主などより負債の不確実性についてより多くの知識がある。したがって，多くのコストをかけずしてベネフィットを得ることが出来る。
・測定の信頼性について，ある日（たとえば当期末）と後日（たとえば翌期末）に要求されるアウトフローが異なっていたとしても，それは誤りではなく，単に不確実性を描写していることになる。したがって，信頼性の高低に関する問題には及ばない。
・IAS 第37号（1998）の範囲の負債は，本来不確実であり，それを見積りという誤差をもって測定していた。そのような従来の方法に対し，期待値による測定は最頻値を考慮にいれた測定であるため，見積りの誤謬のインセンティブがない。
・訴訟に関しては，非常に稀で先例のないような訴訟の場合はコメントの指摘に該当するが，ある程度の先例等がある場合において信頼性がある場合を負債として認識することを前提としているため，これをもって期待値による訴訟の賠償額の測定を否定することにはな

らない。
・提案された測定要求が，US　GAAPと相違する[1]ことは認めるが，最頻値による測定が両者のコンバージェンスに寄与するとの見解に同意しない。

　以上のように，信頼性ある測定に関して，IAS第37号改訂案（2005）の公表から様々なやり取りが行われてきた。
　しかし，まず根本的な問題点を挙げるとすれば，蓋然性要件という問題が，削除することを前提に行われてきたことである。このIAS第37号改訂案（2010）に対して，同年9月よりコメントの分析と検討が行われている。その中で，信頼性ある測定ができるにもかかわらず，将来の経済的便益の流出の可能性が低いため，負債として認識されないことを問題の前提として，あらためて議論を行った結果，2006年，2007年の蓋然性要件の削除の暫定合意を再確認するに至った。期待キャッシュ・フローの是非を含めた測定の問題を論じるのであれば，それに明らかに関連する蓋然性要件に関して，（暫定的とは言え）先に結論を持ちだすのは，好ましいこととは言えない。
　しかし，さらなる関係者との意見交換が必要であるとの判断から，スタッフに対して，この問題に関する論点をまとめた文章を作成し，コメントを求めることになり，作業が進んでいる。また将来IASBがIAS第37号に関するすべての事項に関して合意に達した場合には，それらすべてについて改めて意見を求めることが，暫定合意されている。
　このような議論に関するプロセスを辿ることは，結果的に何度も同じ議論をすることに他ならない。これは第3章において取り上げた，資産除去債務の認識範囲を巡り，推定的債務を含めることに賛成出来ないコメントが何度も繰り返されたことと同様ではないだろうか。それは，会計基準を作成する側が最初から結論ありきで思考する際に，コメントを送る側が，

何度もそれに反論をする状態である。今回は、先に述べたようにわが国の企業会計基準委員会も含めて、蓋然性要件に対するコメントを考慮して、IASBに対応しているのである。企業会計基準委員会は、これらを踏まえて「引当金に関する論点の整理」の議論にあたることになる。

コメントの応酬に話を戻せば、IASBのコメントに対する見解には、いくつか指摘すべき点を見つけることができる。

まずは、測定の目的は全体的なものであり、仮定上の債務の移転または債務の決定価格で負債を測定しないことを強調した点である。つまり決済金額および移転金額が存在する場合の規定がないということである。見解では、計算を複雑にしないことに留意していたため、そういったことは解釈指針や実務慣行に任せるという意図であろうか。

しかし、コメントに対して結果的にIASBは「債務を履行するために要求される資源の現在価値」を含めて3者のいずれか低い金額としたのである。これは、「将来の債務を履行するために必要な資源などの経済的便益の流出を現在価値」で測定することを含むことを示す。つまり、現在の債務だけではなく経済的便益の流出を要件に含むことを示すものである。

また単純に選択の幅を3つに増やしたことにより、計算の複雑性は増し、そのいずれかが調査コストを要するものであったり、その結果不確実性を増す要素があれば、これも問題点として指摘されよう。

次に期待キャッシュ・フローに対する批判的なコメントに対する見解についても、以下のように再反論が可能であろう。

まず株主などが求める負債の金額とは、その多寡ではなくて、その金額が信頼性をもって測定されたかが最も重要ではないだろうか。そういった経営者の行動を推測し、測定に反映することから期待値を選択することは、説明として難がある。

またこれを単一の事象と複数の事象に分けて考えることができる。特に議論の対象となるべき、複数の事象である場合について、ある事例により

導き出される期待値と最頻値の数値から選択することが最良ではないだろうか。

これは，決して新しい理論でなく，わが国でも資産除去債務会計基準においては，期待値と最頻値は選択可能である。たとえば，期待値を原則とするが，期待値が企業の利害関係者の判断を著しく誤らせる場合などは，最頻値を使用することができるというような代替案である。つまり，複数の事象である場合に，どちらかがすべてのケースにおいて優れているということではないということである。

次に，株主などと経営者などを比較して，調査コストがかからないという比較は論外であろう。特に環境負債などを例にとっても，経営者が事前の知識を有するとはいえず，特に新しい環境負債に取り組む場合は，調査会社など外部に委託することもある。たとえば，調査コストを要する項目であるが，それを見逃したことにより，あとでより大きな環境負債を負担するのではないかというケースは，まさに知りえる情報の中で経営者の判断が求められる。

さらに，期待値による測定において見積と実際で異なっていたとしても，それは信頼性の高低に結び付かないという見解である。これも期待値と最頻値を併用することにより，常に見積りと実際が同一とならないまでも，その時点での最良の数値が求められると考える。

最後に訴訟に関する負債の測定であるが，これは現在追加ガイダンスにより，その問題点は解消されている。それは，蓋然性要件の容認であることは第6章で取り上げる。

このように，蓋然性要件の削除と関連性を持つ測定における期待キャッシュ・フローの導入は，2005年の当初草案から7年たった今もまだ結論を得られていない。

なお本節の最後に，コメントとして挙げられたものとして，気がかりなものが二つあったので，紹介しておく。

ひとつは，保証債務のような負債は期待キャッシュ・フローによる測定が適しているが，訴訟の場合はもともと経済的便益の流出に関する適切な判断材料がないため，期待キャッシュ・フローによる測定には不向きであるという指摘である。この指摘は，事例によって期待値と最頻値の測定を組み合わせることを提案するものである。つまりそれぞれの測定値の選択が最良ではなかろうかというものである。

またもうひとつは，これまでの引当金から非金融負債に移行することにより，より多くの負債が認識されるとすれば，そのすべてを測定する公正価値は実務上容易ではないという指摘である。

いずれの指摘も同意できるものであり，今後の検証において有用なものである。

続いての論点として待機債務（stand ready obligation）について考察を行う。

3.3 待機債務

これまでも第3章で取り上げたように，資産除去債務において米国のSFAS第143号がその公表後，条件付資産除去債務の問題から，FIN第47号やSFAS第157号によって解決してきたことを紹介した。

その問題は「無条件債務（unconditional obligation）」と「条件付債務（conditional obligation）」の区分に関するもので，「条件付債務」の要件が問題とされてきた。

IAS第37号改訂案（2005, par. BC11）によれば，条件付債務とは，契約上の債務をふたつに分類した際，将来の不確実な事象にその履行が依存する条件付（または偶発的）のものである。一方無条件債務とは，その履行のために時間的な要因のみが勘案され，時の経過によりその履行がなされる無条件（または非偶発的）のものである。

IAS第37号改訂案（2005）では，この待機債務の説明に製品保証が用い

られていたが，収益認識プロジェクトの関連から，2010年の IFRS 作業草案「負債」では，環境修復に関する負債の説明に切り替えられている。第2章で取り上げたとおり，この環境修復に関する負債は，わが国では検討項目とされているが，IFRS の作業草案 par. 19に準じて概要を説明する。

たとえば，環境修復に関して，他の企業に代わりそれを引き受ける場合，これまでは実際に引き受けたとき，またはそれに伴う経済的便益の流出を伴う場合に無条件債務に該当すると考えられてきたものが，実際に引き受けなくとも，仮に他の企業が引き受けない場合に備えるべき待機債務が生じたと考え，引き受け時にこれを無条件債務に含めることを可能とした。

今回この「待機債務」の考え方を採り入れたことにより，「条件付債務」を「無条件債務」に置き換えすべてを「無条件債務」にすることを可能にした。

つまり，蓋然性要件の削除と合わせて，待機債務の思考を採り入れたことにより，これまで引当金と偶発負債で区分されていたものを，非金融負債として認識することを可能にした。また潜在的債務も未認識の非金融負債として認識されることになった。

また同様に待機債務の導入メリットを赤塚（2010, p. 154）は，「現行のIAS 第37号（1998）では，負債を単一のものとして考えるかそれともポートフォリオとして考えるかによって，取扱いが区別されていると解されている。それは，単一の負債には（蓋然性要件を厳格に運用したうえで）最頻値を用い，ポートフォリオの負債には期待値を用いるという，測定値の性質の相違をもたらすことになる。なお，電気・電子機器廃棄物処理負債と環境保証債務の一部については，負債が発生する原因となる取引が相当程度反復すると考えられることから，ポートフォリオで考えることができる」と指摘している。

すなわち，現行の負債は，それを単一と捉えるかポートフォリオと捉えるかにより，測定方法を使い分けている。単一の場合は，蓋然性要件を用

いたのちに最頻値を使用し，ポートフォリオの場合は，期待値を含めて最頻値との併用により測定を行う。つまり負債に対して2種類の測定方法を使用していることが，現行規定の欠点であるとの指摘である。これが IAS 第37号改訂案（2005）では，いずれも無条件債務に焦点を当てるならば，双方ともに一律に蓋然性要件を充足すると解されるためである。

これをメリットとして捉えると，次のような思考も可能である。

すなわち，いずれの場合もまず蓋然性要件によって，その単一のものとポートフォリオのものを認識する。その際，単一のものは問題ないが，ポートフォリオのものは，異常値などを除くことを目的として蓋然性要件を適用する。そののち，測定として，単一のものには最頻値を，ポートフォリオのものには，最頻値と期待値を選択するという具合である。

このように思考すると，その債務発生対象が何かによって，最善の選択をすることも可能にする。たとえば，スーパーファンド法に基づき生じた環境修復義務は，その指摘がなされた段階から，待機債務であり，蓋然性要件に照らし合わせても発生の可能性は認識しうるに足る高さである。しかし，資産除去債務に関していえば，将来に発生する除去債務は将来に決済の時期や方法が依拠するところがあり，これを FIN 第47号の無条件債務・条件付債務の区分なく，すべてを一律に無条件債務と捉えることは，難しいのではないだろうか。

つまり，債務発生対象の区別なく蓋然性要件を用いたうえで，最頻値または期待値（単一のものは最頻値）を用いるのが最適である。

一方でこの待機債務の問題点として，田中（2010, p. 22）は，「IASB は，認識と測定を明確に分けて，現在時点において存在する無条件債務のみを認識対象とし，将来発生する可能性のある条件付債務については測定段階で考慮することとしている。しかしながら，将来において一定の事象が発生する可能性を測定段階で考慮に入れるということは，現在の無条件債務を測定しているというよりも，むしろ将来の条件付義務を測定しているこ

とになろう。したがって，現在の無条件債務を認識するとしながらも結果的には将来の条件付債務そのものを認識していることに他ならないのではなかろうか」と指摘する。

　すなわち，認識と測定を二段階に分けて，まず現在の無条件債務のみを認識対象とし，将来の条件付債務は，その次の測定段階で組み込むという考えである。しかし，この二段階をまとめて考えれば，現時点において将来の条件付債務を，現在の無条件債務にすり替えていることに他ならない。また佐藤（2010）も，リース料支払義務の認識測定におけるリース期間の取扱いをめぐって，同趣旨の指摘を行っている。

　さらにその他の問題点として，田中（2010）は「過去の事象・現在の債務・将来の経済的便益の犠牲」など，さまざまな時点から検討されていた負債が「現在」のみを焦点とすることなどを懸念している。

　会計観として，継続企業を前提として会計数値を出すと考えた場合に，現在（期末日）の要素のみで計算された結果から得られるものは何であろうか，と懸念するところである。いずれにしても時間軸のバランスが求められることに同意するのである。

　待機債務は，このように当初のIAS第37号改訂案（2005）から様々な議論が行われている。この議論はIAS第37号改訂案（2010）公表後も継続している。

　まず，2007年の保険契約のDP part 2 Appendix Glossaryにおいて，待機債務を「特定の事象の生起によって，現金またはその他の経済的資源を移転することを待機する債務」と定義した。この暫定案において注目すべき点は，経済的資源の移転を待機する現在の無条件債務に「特定の事象の生起によって」と条件がついたことである。

　これを受けて，2009年に公表された一連の負債プロジェクトのAP・4D（Agenda Paper 4.D）において，待機債務を「将来の特定事象の発生・非発生によって経済的資源の移転を待機する現在の無条件債務（present unconditional obligation)」(par. 15) と定義する暫定案が提示された。

このAP・4Dでは，待機債務は次の3つの特徴をもつとされる (par. 18)。

(a) 待機債務は，将来事象の発生・非発生を企業がコントロールできない場合に限り発生する。
(b) したがって，企業が特定の事業活動を遂行したときのみに限定して発生するのであれば，待機債務は既にその事業を遂行したか，または，第三者に対してその事業活動を遂行する債務を負っている場合に限定して発生する。
(c) 待機債務は，直接的に経済的資源の移転を引き起こすわけではない。「無条件の待機債務（unconditional stand ready obligation）の発生」と「経済的資源の移転」の間には，それらとは別の無条件債務が存在する。すなわちある特定の事象が発生または非発生の場合に生じる新たな債務である。さらに，特定の事象の発生と企業の当該事象の報告と企業により正当化を立証された事象の間に時間差があれば，新たな債務が存在したかどうか不確実な期間が存在する。

AP・4Dのpars. 28-30において，AP・4D par. 18の(a)～(c)を次のように解説している。

つまり，(a)は，負債であるからには義務を回避できないことが必須条件であることを示し，(b)は(a)に加え義務を回避することができないことを明確にする特徴と相俟って，待機債務が「現在の債務」であることを担保されることを指している。

それに対して(c)は，①待機債務は契約または法律により確定された期間にわたって存在し，当該期間の終了をもって消滅すること，および②待機債務が消滅する以前に特定事象の生起が認められれば，待機債務のほか

に新たな債務が発生し，待機債務と併存することも指摘するのである。

　赤塚（2010, pp. 196-197）は，最も注目すべきは(c)の新しい解釈であると指摘する。つまり，待機債務の精緻化のため，無条件債務と経済的資源の移転の間に新たな無条件債務を置いたことである。これらを基にさらにコメントを求め議論が継続される。待機債務の定義についてまとめたものが図表5-4である。

　それでは，待機債務について独自に考察を行う。

　待機債務の概念についてIAS第37号改訂案（1998）からAP・4Dまでの取扱いの変遷を図表5-5に示す。なお，図中の面積は，期間の長さを示すものではない。したがって，図表を縦にそれぞれ対比するのではなく，横に債務の発生から経済的資源の流出までの流れを確認して頂きたい。

　まず，IAS第37号（1998）では，条件付債務が蓋然性要件により認識されるか否かが判断され，その条件付債務の条件に該当する際に確定債務となり，経済的資源の流出が行われる。それがIAS第37号改訂案（2005）では，債務が発生してから経済的資源の流出までがすべて待機債務となる。またこの待機債務を，条件付債務を履行するために待機する債務として，無条件債務とみなす。すなわち，待機債務は無条件債務であるため，蓋然

図表5-4　待機債務の定義

IAS第37号（1998）	・待機債務の定義なし （無条件債務および条件債務に区分）
IAS第37号改訂案（2005）	・改訂案による定義はなし （具体例として製品保証が挙げられ，条件付債務を履行するために待機する債務であることが示される）
保険契約DP（2007）	・特定の事象の生起によって，現金またはその他の経済的資源を移転することを待機する債務
AP・4D（2009）	・将来の特定事象の発生・非発生によって経済的資源の移転を待機する現在の無条件債務 （その他に待機債務の判定に用いる3つの特徴を示す）

（筆者作成）

図表5-5　待機債務の概念の変化

	（債務の発生）	→→→	（経済的資源の流出）	
IAS 第37号 （1998）	条件付債務		確定債務	経済的資源の流出
IAS 第37号改訂案（2005）	待機債務（条件付債務を履行するために待機する債務）＝無条件の債務			
AP・4D （2009）	無条件の待機債務	発生の可能性のある新たな無条件債務	（発生の可能性の高い*）確実な新たな無条件債務	

（筆者作成）
＊新たな無条件債務をわかりやすく区分するために，「発生の可能性のある」に対応させるため「確実な」の前に，筆者が挿入した。

性要件の適用は必要なく，公正価値による判断を可能にする。

　これがコメントなどにより議論が進んだAP・4Dでは，この期間が4段階に分かれる。AP・4Dのpar. 31 and par. 32の保険に関する例に従って説明すれば以下のとおり要約できる。

　家計保険については，企業は当初の契約に基づく待機債務と保険金の実際の支払に対する待機債務を有するものと考えられる。当初の契約に基づく待機債務は，契約期間にわたって存在するのに対し，保険金の実際の支払に対する待機債務は契約者が保険金の支払い請求をしてから保険金の査定により支払・不払いの決定がなされるまで，および支払の金額が確定するまでの間，新たな無条件債務が2段階に区別され存在するのである。また生命保険を考えれば，死亡により一括して死亡保険金を支払うことにより，当初の契約に基づく待機債務が消滅する場合もある。

　このケースから，赤塚（2010, p. 197）も指摘するように，IAS第37号改訂案（2005）の待機債務が直接的に経済的資源の移転をもたらすわけではないことが伺える。直言すれば，IAS第37号改訂案（2005）が示した，待機債務を無条件債務とみなし，負債として認識することには無理があった。つまり理論的な再構築が必要となった。そのため，AP・4Dのように4段

階に分類されたのである。

　しかし,この4段階の区分のいずれの段階から負債として認識されるのかを思考すれば「確実な新たな無条件債務」が適当ではないかと考える。むろん公正価値測定から考えれば,「発生の可能性のある新たな無条件債務」も測定可能であれば,すなわち信頼性のある見積もりができることを要件に,認識は可能である。公正価値測定に蓋然性要件を取り入れることが検討できれば,つまり原則を公正価値で測定し,それに認識対象として蓋然性要件を加えることができれば,この問題も解決する。

　いずれにしても,この議論において,皮肉にも新しい債務が蓋然性要件と取れる要件により2つに区分された。つまり保険契約のケースのように,2つの状態が実際に存在することが証明されたのである。

　これまでの議論を踏まえて,AP・4D par. 9は,「待機債務」という用語を今後は使用しない方向で検討を進めることにしている。

4　IASBの蓋然性要件の削除理由の検討

　これまでの検証を踏まえて,IASBのIAS第37号改訂案（2005）で示された蓋然性要件の削除の理由について検討していきたい[2]。

- 理由1　負債が存在すれば何らかの経済的資源の流出を伴うことは間違いないため,蓋然性要件は形骸化しているのではないか。
- 理由2　単一の保証債務について,将来に支払う蓋然性が高くない場合,認識当初は負債ではなく収益が認識される。
- 理由3　蓋然性要件を継続させるということは,条件付債務に適用するという誤解を生じさせる恐れがある。
- 理由4　すでにある会計基準との整合性が保てない。

理由1を検討すれば，現行の概念フレームワークやIAS第37号（1998）における負債の定義は，確かに「現在の債務」と「経済的資源（便益）の流出」の両方を満たすものである。そのため負債の存在は経済的資源（便益）の流出を示す。

しかし，IASB・FASB概念フレームワーク共同プロジェクトおよびIAS第37号改訂案（2005）における負債は，「現在の債務」であるため必ずしもそれが「経済的資源（便益）の流出」を満たすとは限らない。それは，経済的資源（便益）の流出は，将来に対するものであるため，現在の債務からは推定できない。

理由2を検討すれば，確かに負債ではなく収益と認識される。そのため蓋然性要件を継続するためには例外と見なされる。しかし，保証債務の原始認識に際して蓋然性要件により負債計上の適否を判別していることに注目すべきである。

理由3を検討すれば，これは待機債務で確認したように，無条件の待機債務は，蓋然性要件によって区分された2段階の新たな無条件債務を経て経済的資源の流出と考えられることになる。よって条件付債務に蓋然性要件を用いることはない。

理由4を検討すれば，それを解消するにはいくつかの方法がある。ひとつは以前検討された会計基準を優先させ，それに合わせて新しい会計基準をつくる。もうひとつは，検討事象ごとに議論を行い，適否を検討することである。後者は会計基準作成のプロセスを長期化させる懸念やひとつの会計思考や会計処理によることを求める立場からは問題であろう。

しかし中長期的に検討されるIASB・FASB概念フレームワーク共同プロジェクトには有用であり，その会計基準などを様々な国・地域で用いることを考えれば，国際的な会計基準にコンバージェンスの受け入れを容易にするものであろう。

以上，IASBのIAS第37号改訂案（2005）で示された蓋然性要件の削除

の理由について検討してきたが，蓋然性要件の削除の決定的な理由は見当たらない。

しかし，蓋然性要件の削除を前提とした思考から考えれば，こうした理由を挙げる他はないことに同意する。

5　負債の認識範囲の拡大

第2章の図表2-2が示すとおり，IAS第37号（1998）の引当金の定義，およびIAS第37号改訂案（2005）の非金融負債の定義には，いずれも「負債」であることが明記されている。また第5章の図表5-2が示すとおり，IAS第37号（1998）の引当金として注記開示されるものを除いて財務諸表に認識される範囲とIAS第37号改訂案（2005）の非金融負債として同様に認識される範囲を比較すれば，明らかに「現在の債務として発生の可能性の低いもの」が新たに認識される非金融負債となる。

本節では，蓋然性要件の削除に派生する問題点として負債の認識範囲の拡大を取り上げる。

1990年頃までの負債概念，特に資産除去債務に関する会計基準が設定されるまでは，法的概念から経済的概念へ引当金の計上に対する考えが支配的であった。これは収益費用中心観の会計観に基づくもので，実際に様々な費用性の引当金が計上されるようになった。したがって，この時期の引当金の認識範囲は，法的債務から推定的債務などに広がりを見せた「拡大期」であったと言えよう。しかし，資産除去債務会計基準の設定を境に，資産負債中心観の会計観に基づき負債の認識範囲の拡大には歯止めがかかり「縮小期」を迎えたと考えられる[3]。つまり負債の認識範囲を法的概念のみに近い概念とするものである。

では，今後の負債の認識範囲に関する方向性を考えてみたい。

2006年に公表されたIASB・FASB概念フレームワーク共同プロジェク

ト案ではフェーズ B において負債の認識範囲について「債務（obligation）」などではなく「強制（compulsion）」という用語を用い，具体的範囲を「法的強制（legal compulsion）」「倫理的強制（moral compulsion）」「経済的強制（economic compulsion）」に分け法的強制のみを該当させる方向で検討が進んでいる[4]。「債務」と「強制」という文言の違いからは推論できないが，この動向は一見，負債の認識範囲が拡大しないように捉えられる。

しかし下記に挙げる，蓋然性要件の削除による認識範囲の拡大以外の，国際的な動向を踏まえた 4 つ要因により，今後の負債概念は「再拡大期」に入るものと考える。

要因 1　IASB・FASB 概念フレームワーク共同プロジェクトの動向

法的強制のみに加え「同等の強制（compulsion of equivalent force）」に由来する項目も含むとされ，具体的提示はなされていない。また「同等の強制」が，約束的禁反言の原則を排除するものではないとしている（IASB 2006b, pars. 54–55）。

要因 2　FASB 本来の思考

第 3 章で取り上げたように，SFAS 第143号では，当初公開草案で示された「推定的債務」を含む資産除去債務の認識範囲に対し，その具体的な範囲を示すことを求められた多くのコメントに対応できず，最終的に「法的債務と約束的禁反言の原則」に限定した経緯がある。

つまり FASB 本来の思考はそこにあり，IAS 第37号の示す「法的債務および推定的債務」に近づける思考ではないかということ。

要因 3　会計基準の国際的なコンバージェンス

IASB や FASB とのコンバージェンスの観点から考えれば，第 3 章で指摘した資産除去債務の認識範囲は，わが国が最も狭義であるため，今後の

拡大要因となる。

要因4　環境負債の増加

多くが非金融負債に含まれる環境負債を考えても，今後想定される環境法の整備や法律の厳格化に伴いこれまで認識されなかった地域や国，事例で認識されるようになることが考えられる。

ここまでの流れをまとめたものが図表5-6である

また井上定子（2009, pp. 87-89）は，負債範囲の拡張手段は3つあると指摘する。

図表5-7に示めすとおり，負債の範囲を，債務性のないもの，衡平法上の債務や推定的債務，法的債務の3つに区分した包含図を用いて説明している。なお，現在の「負債の範囲」は，③法的債務と②衡平法上の債務や推定的債務の中位にあると考えられる。

一つ目は，図表の「①債務性のない項目」を「負債の範囲」に取り込むことによる拡張手段を指す。これらは，フロー認識法（蓋然性による負債の認識法のひとつで，費用の認識に誘導されて負債を計上する方法）において現在の債務である項目以外に債務性のない項目を負債として認識することを可能とするものである。この拡張手段に該当するものは，SFAS第5号や企業会計原則注解18などで，図表5-6でいえば，拡張期にあたる。

図表5-6　負債概念の認識範囲の方向性

拡大期	縮小期	再拡大期
収益費用中心観に基づく 　法的概念から経済的概念へ （企業会計原則注解18など）	資産負債中心観に基づく 　法的概念のみに近い概念 （資産除去債務会計基準）	・蓋然性要件の削除 ・概念FWの動向 ・FASB本来の思考 ・コンバージェンス 　（日本の場合） ・環境負債の増加

（筆者作成）

二つ目は,「②衡平法上の債務や推定的債務」を「負債の範囲」に取り込むことによる拡張手段である。これらは,拡張期から資産除去債務会計基準などの縮小期にも用いられたもので,フロー認識法やストック認識法（蓋然性による負債の認識法のひとつで負債の定義を満たして負債の発生を認識することにより負債を計上する方法であり,蓋然性を要するものと不要なものがある）において法的債務に衡平法上の債務や推定的債務を採り込むことによる拡張手段を指す。この拡張手段に該当するものは各概念フレームワークやIAS第37号（1998），IAS第37号改訂案（2005），SFAS第143号,わが国の資産除去債務会計基準,さらにはSFAS第5号や企業会計原則注解18など,これまで紹介したほとんどが該当し,図表5-6でいえば,拡張期および縮小期にあたる。

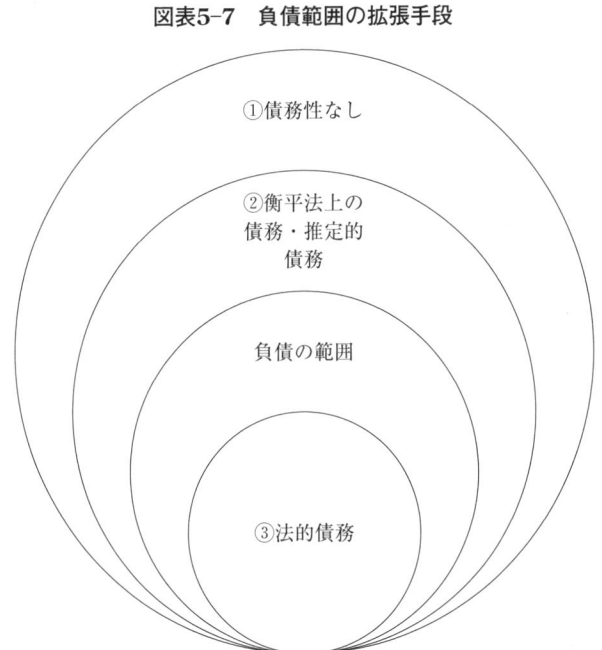

図表5-7　負債範囲の拡張手段

①債務性なし

②衡平法上の債務・推定的債務

負債の範囲

③法的債務

(出所：井上（2009, p. 87）を参考に，筆者作成)

三つ目は,「③法的債務」を拡大して「負債の範囲」とする拡張手段である。これらは,資産除去債務会計基準に用いられたもので,ストック認識法において法的債務の解釈を拡大したり,環境法の整備や厳格化により法的債務自体が拡大することによる拡張手段を指す。この拡張手段に該当するものはSFAS第143号やわが国の資産除去債務会計基準であり,図表5-6でいえば,縮小期以降の動向となる。

　この三つ目の流れが,今後の負債の範囲の拡張の方向性であることに同意する。それは,第3章で取り上げたSFAS第143号の基準導入時に「推定的債務」の具体性を求めるコメントに対して,FASBが十分に説明できず,結果的にIAS第37号(1998)の範囲である「法的債務および推定的債務」との差異を解消できなかった経緯からである。

　それではあらためて,このように負債の認識範囲の拡大に対して,どのような対応が求められるのであろうか。

　例えば,第3章で示したような資産除去債務の会計処理試案のような,多様で柔軟な会計処理を検討することも必要ではないだろうか。また負債の認識拡大に対し,そのすべてに公正価値測定を適用することは,難しいのではないだろうか。それは待機債務などで指摘したとおりである。当面は,IAS第37号の改訂に関する最終的な蓋然性要件の取扱いや2013年7月に見直し案が公表されたIASB・FASB概念フレームワーク共同プロジェクトにおけるフェーズBの負債や資産などの概念に対するコメントレターの動向が注視される。

6　非金融負債と非金融資産の対称性

　本節では,川村(2007)の先行研究である非金融負債を非金融資産とのグループ化によりその会計処理を捉える説を紹介し,その特徴および非金融負債の会計処理としての可能性の検討を行う[5]。この先行研究は,非金

融資産と非金融負債の対称性はどこまで考慮されるべきかに関するものである。

まず非金融負債の会計処理は，非金融資産の会計処理とのバランスや整合性を考慮すべきであるという必要性を次のように説明している。非金融負債の計上時には同時に費用または損失が計上される。この効果は，非金融資産の収益性が低下した場合の減損処理と同様である。つまり非金融資産の減損処理は，収益性の低下を表わすと同時に，構成する事業の収益性を反映するという側面も有する。

このように非金融資産が存在するような固定資産の減損や棚卸資産の評価減は減損処理によって収益性の低下を表わすことができるが，オペレーティング・リースのみにより資産を調達している場合，IAS 第37号（1998）および IAS 第37号改訂案（2005）のいずれも契約の負担増加（onerous contract）として非金融負債の追加認識を行うことになる。さらにビッグバスのような会計処理や製造物責任に対する負債を，非金融資産の減損処理をとおしてではなく，非金融負債の追加認識により行われている事例があるが，この中には本来非金融資産の減少として処理されるべきものが含まれているとしている。そのうえで，少なくとも非金融資産が取得原価を基調とした会計処理を行っているにもかかわらず，非金融負債は公正価値に近い合理的支払額によって継続的に再測定されることから，両者の整合性が失われていると指摘している。

よって，従来通りの非金融負債の原始認識に際して一定の閾値を蓋然性要件として課し最頻値を会計的認識額とするアプローチと蓋然性要件を考慮せず原始認識および再測定に際して公正価値等を用いるアプローチ以外のアプローチの存在があるとしている。

その3つめのアプローチの要約は以下のとおりである。

非金融負債が非金融資産と同様に企業の遂行する事業プロジェクト

を構成するストックであるととらえるならば，負債の原始的な認識および測定に際しては，対価の受取りがあった時点で，当該受取対価額を用いて測定し，その後はプロジェクト終了時点で期待される当該負債の清算価額（資産であれば残存価額）まで帳簿価額を配分する。

その後，非金融負債について負担が増加し，非金融負債の清算価額が増加し，負債の帳簿価額を上回る場合には，当該清算価額で評価し，従来の帳簿価額との差額を損失として認識する。

このアプローチは，蓋然性要件を必要としないことも特徴である。つまり，負債の原始認識には受取対価額であるためであり，負担の増加時に資産の減損損失の認識における要件との整合性を検討すればよいことになる。これらを応用して考えれば，非金融資産と非金融負債のグループ化による会計技法が可能であるとしている。

たとえば，非金融資産の帳簿価額が150，非金融負債の帳簿価額50であり，両者は同一プロジェクトにより存在すると考える。その際，プロジェクト全体の回収可能額が80であれば，これまでのケースであれば非金融資産の減損にすべてが当てられることころであるが，このアプローチを採ることにより，簿価按分された値，すなわち非金融資産に15の減損，非金融負債に5の負債の追加負担が配分されるのである。またどちらかに優先的に負担させるという方法も考えられる。

川村は，このアプローチが最も現実的な解答であり，IASB・FASB概念フレームワーク共同プロジェクトの「財務諸表の表示」に関する検討において貸借対照表を事業目的および資金調達目的に区分し，それぞれの中で資産と負債をグルーピングする提案にも通じるところがあるとしている。以上が，川村（2007）の示す非金融負債と非金融資産の対称性を考慮した会計技法の提案である。

この提案に関し考察を行えば，まずこの会計技法を行うためには，まず

事業プロジェクトに非金融負債と非金融資産が存在する場合が前提となる。つまり，単独で非金融負債が存在する場合と事業プロジェクトに組み込まれた非金融負債が異なる会計処理を行う可能性がある。また川村（2007）も指摘するように，元々資産間や負債間でのシナジーは考慮されて会計処理されてきたこともあるため，形成された資産および負債グループは複雑に絡みあっている場合も多い。その際に単純に簿価による配分等以外の方法も考えなくてはならない。

また，ある非金融負債が複数の事業プロジェクトに属するものもある。たとえばオペレーティング・リースにより賃借している機械などである。その際のどの事業グループに属するかなどの判断などは一定のルールを用いる必要があるだろう。

さらに関連する非金融資産および非金融負債は，それぞれが独自にキャッシュ・フローで計算可能でなければならない。これも論理の前提となる条件となる。

このように川村（2007）の主張する非金融資産と非金融負債の対称性から会計処理の検討を行うことは，それぞれが関連し合うことが明確であり，それぞれが単独のキャッシュ・フローにより計算されている場合有効であると言えよう。つまり，事業プロジェクトとして構成されるものとそれ以外のものに区別して考えていくことが所与とされれば，非常に有効である。

しかし，非金融負債の会計処理という枠組みで考えれば，全体を通して検討されるものは，やはりIAS第37号（1998）の示す蓋然性要件を適用するものかIAS第37号改訂案（2005）が示す蓋然性要件を削除したうえでの期待キャッシュ・フローによる測定のいずれかであろう。

7　まとめ

　本章においては、蓋然性要件の削除について、直接的な影響を受ける問題点の検証、さらに蓋然性要件の削除に派生する問題点の検証を行った。蓋然性要件の削除は、反対意見があることを考慮し、検討を重ねたうえでなお、その方向性に変更はないことを結論づけており、測定のみを継続審議としている。それに合わせるように、これまで「現在の債務」とともに概念フレームワークの負債の定義や引当金の認識要件で用いられてきた「将来の経済的便益の流出」という用語の削除が提案されている。これは蓋然性要件と組み合わせて用いられていたと考えられるものである。

　第1の考察として、この「現在の債務」と「将来の経済的便益の流出」をどう取扱うべきかについて、3つのケースに区分し分析した。しかし、いずれも長所・短所があり、積極的に「現在の債務」のみとする方向性を支持する理由は認められなかった。また蓋然性要件の削除における認識の変化として「発生の可能性が低いものを新たに非金融負債として認識すること」が挙げられた。

　第2の考察として、それらを「経営者の恣意性の排除」と「信頼性ある測定」の観点から評価点・問題点を洗い出した。「経営者の恣意性の排除」に関しては、発生事象の確率の高低からそれを排除できることが評価点であった。しかし「信頼性ある測定」に関しては、測定を期待値のみとするより、最頻値との併用が最適であることを指摘した。

　第3の考察として「待機債務」について取り上げた。待機債務は、IAS第37号改訂案（2005）の提案により、従前の「無条件債務」と「条件付債務」の区別を不要にし、すべてを「無条件債務」ととらえ、公正価値による測定を可能にした。しかし、提案された待機債務は、債務の発生から経済的資源の流出のすべてを示すのではなく、債務の発生時に「無条件の待

機債務」として認識されたものは,「発生の可能性のある新たな無条件債務」および「(発生の可能性の高い) 確実な新たな無条件債務」を通して,経済的資源の流出に至るケースがあることが示された。つまり,それぞれの認識事象について,これら4段階の判定を必要とする煩雑さ,さらには,認識されるものが,削除されたはずの蓋然性要件「発生の可能性の高低」によって区別されているという矛盾点を指摘した。これらの議論の過程で,待機債務という用語を今後用いない方向であることが示された。

これまでの3つの考察を基に,IASBのIAS第37号改訂案 (2005) で示された蓋然性要件の削除の4つの理由について検討した。しかし,蓋然性要件削除の決定的な理由は見当たらなかった。つまり,蓋然性要件の削除の必然性はないとの結論に達した。

続いて,蓋然性要件の削除は負債の認識範囲を拡大させる要因となる。

その他にも,IASB・FASB概念フレームワーク共同プロジェクトの動向として推定的債務を排除する規定ではないこと,SFAS第143号導入時のFASB本来の思考は,IAS第37号 (1998) が規定する範囲「法的債務および推定的債務」に近づける思考のものではないかということ,会計基準の国際的なコンバージェンスの観点から (特にわが国において) 拡大すること,今後非金融負債として認識される環境負債は増加すると想定されることなどを拡大要因に挙げた。

負債の認識範囲の拡大に対応するためには,第3章で示した資産除去債務の会計処理試案のような,多様で柔軟な会計処理を検討することや公正価値測定を原則として蓋然性要件を容認し,期待値と最頻値の併用を可能にするなど柔軟性のある基準作成の必要性を指摘した。

最後に,川村 (2007) の非金融負債と非金融資産とのグループ化を含めた非金融負債の会計処理の可能性を検討した。この研究は,非金融資産と非金融負債の対称性はどこまで考慮されるべきかに関するものであった。非金融資産と非金融負債が同一の事業プロジェクトの中に混在し,それぞ

れが単独のキャッシュ・フローにより計算されている場合という，一定の要件に該当する場合には，非常に有効であった。しかし，非金融負債の会計処理という枠組みで考えれば，全体を通して検討されるものは，やはりIAS 第37号（1998）の示す蓋然性要件を適用するもの，または，IAS 第37号改訂案（2005）が示す蓋然性要件を削除したうえでの期待キャッシュ・フローによる測定のいずれかであろうという結論に達した。

　第6章では，IAS 第37号改訂案の最終公表後に，わが国において検討される「引当金に関する論点の整理」の導入議論について，これまでの考察を踏まえ総括を行う。
　具体的には，「非金融負債とは何か」「会計観」「蓋然性要件削除の再検討」「概念フレームワークとの整合性」である。

注記
1）IAS 第37号改訂案（2005, par. 18）において挙げられた，US GAAP の負債測定に関する思考は以下のとおりである。
　（a）US GAAP による訴訟に関する負債の認識は，レベルが高すぎることにより，ほとんど認識されない。
　（b）US GAAP によれば，偶発損失に関して合理的に発生する個々の見積りが可能である場合は，その可能な範囲での最小値となるため，最頻値を採用しているわけではない。
　（c）資産除去債務について，当初公正価値での測定を要求したのち，期待価値技法は常に公正価値で見積もることによる唯一の適切な技法であるとしている。これに対し，負債の測定が最頻値による測定を採るならば，資産除去債務に関する測定の相違が増大すると考えられる。
2）IAS 第37号改訂案（2005）pars, BC26, BC37, BC38, BC40, and BC48 より。
3）赤塚（2011, p. 2）
4）IASB（2006a）：Agenda Paper, 4 A pars. 32-33.
5）川村（2007, pp. 206-224）

第 5 章　非金融負債会計と蓋然性要件(2)

参考文献

Boritz, J. E. (1990) *Approaches to Dealing with Risk and Uncertainty. Research Report*, CICA (Canadian Institute of Cartered Accountants).

Financial Accounting Standards Board (1975) *Accounting for Contingencies*. Statement of Financial Accounting Standards No. 5, FASB.

Financial Accounting Standards Board (2001) *Accounting for Asset Retirement Obligations*. Statements of Financial Accounting Standards No. 143, FASB.

Financial Accounting Standards Board (2005a) *Conceptual Framework : Joint Project of the IASB and FASB, Project Updates, Last Revisions : September 26, 2005*.

Financial Accounting Standards Board (2005b) *Accounting for Conditional Asset Retirement Obligations : An Interpretation of FASB Statement No. 143*. FASB Interpretation No. 47, FASB.

Financial Accounting Standards Board (2006) *Fair Value Measurements*. Statements of Financial Accounting Standards No. 157, FASB.

International Accounting Standards Board (2005) *Amendments to IAS No. 37, Provisions, Contingent Liabilities and Contingent Assets and IAS No. 19 Employee Benefits. Exposure Draft of Proposed*, IASCF.

International Accounting Standards Board (2006a) *Amendments to IAS No. 37 : Eliminating the Term Contingent Liability. Agenda Paper 4A*, IASCF.

International Accounting Standards Board (2006b) *Conceptual Framework Elements 2 : Liability Definition. Agenda Paper 9A*, IASCF.

International Accounting Standards Board (2007) *Conceptual Framework Phase B : Elements and Recognition-Asset Definition : Cover Note. Agenda Paper 4A*, IASCF.

Financial Accounting Standards Board and International Accounting Standards Board (2008) *Phase B : Elements & Recognition. Conceptual Framework : Agenda Paper 2*. FASB /IASCF.

International Accounting Standards Board (2010) *Liabilities. Working Draft*.

International Accounting Standards Committee (1998) *Provisions, Contingent, Liabilities and Contingent Assets. International Accounting Standard No. 37*.

赤塚尚之（2010）『環境負債会計論』滋賀大学経済学部

赤塚尚之（2011）『非金融負債会計の再構築序説（改訂版）』滋賀大学経済学部附属リスク研究センター

井上定子（2009）「環境財務会計基準の国際的動向」河野正男・上田俊昭・八木裕之・村井秀樹・阪智香編著『環境財務会計の国際的動向と展開』森山書店

川村義則（2007）「非金融負債の会計処理―非金融資産とのグループ化」『早稲田商学』第413・414合併号，pp. 201-224.

古賀智敏（2008）「国際会計基準と公正価値会計」『會計』第174巻第5号，pp. 615-627.
佐藤信彦（2010）「解約可能リース取引におけるリース料支払義務の負債性」『企業会計』第62巻第1号，pp. 97-100.
田中建二（2010）「IFRS における負債の認識と測定」『企業会計』第62巻第9号，pp. 18-24.
松本徹（2012）「非金融負債会計の国際的な動向と我が国の対応」『會計』第182巻第4号，pp. 574-586.
山下壽文（2007）『偶発事象会計の展開―引当金会計から非金融負債会計へ』創成社
企業会計基準委員会（2009）「引当金に関する論点の整理」財務会計基準機構
山下壽文（2011a）「IFRS における非金融負債会計の動向―公開草案『IAS 第37号における負債の測定』を中心として」『佐賀大学経済論集』第43巻第5号，pp. 85-109.
山下壽文（2011b）「最近の IASB における引当金会計基準化の動向」『會計』第180巻第1号，pp. 17-29.

第6章　非金融負債会計の構築と課題
―わが国「引当金に関する論点の整理」の検討に際して―

はじめに

本章では，第5章で考察した内容を中心に，これまでの議論を踏まえ，非金融負債会計の構築と課題について検討していく。一連のIAS第37号改訂案（2005a）の最終公表を受けて，再開されるわが国の「引当金に関する論点の整理」をベースとした本格的な非金融負債会計に関する議論には，何が求められるのか。それは非金融負債の本質を踏まえた議論であり，資産負債中心観などの会計観も新たな思考が求められると考えられる。
さらに具体的な概念フレームワークとの不整合を挙げ，積極的に臨むことが求められることを指摘する。最後にIAS第37号改訂案の7年を超える議論の中から，本書で取り上げた蓋然性要件の削除の再検討に関するこれまでの議論を総括し，さらに新たな展開を踏まえて，その打開案を提案する。

1　「非金融負債」の本質を踏まえた議論

　第2章の非金融負債の概要で，非金融負債とは何か，また従来の引当金との異同は何かを検討した。
　たとえば，具体的な科目について検討することも必要である。環境修復引当金や有給休暇引当金などは，すでに自主的に計上されている場合を除

き，これからわが国の事情を考慮し，その内容をこれから吟味するべきである。また，非金融負債は当然「負債」であることが求められるから，評価性引当金である貸倒引当金は除外されることになる。さらに修繕引当金や特別修繕引当金はこれまでわが国の特徴ともいうべき「引当金処理」を行ってきた。その経緯についても踏まえて検討することが望まれる。

しかし，このような具体的な科目からの検討を行う前に，非金融負債とは何かという本質を踏まえた議論が必要であろう。なぜなら負債は，国際的な会計基準の策定の流れから「金融負債」「非金融負債」で区分される。そのため，「非金融負債」には「金融負債以外の負債」という定義が最もあてはまる。つまりこの「金融負債以外の負債」という定義は，さまざまな負債が該当することを意味する。第5章で検討した待機債務に関する自家保険や生命保険もそうであろうし，後述する訴訟に関する負債などからも，非金融負債は検討を重ねるほど　様々な性質を抱えていることがわかる。そのため，第5章で取り上げた川村（2007）の非金融資産とのグループ化の検討など，非金融負債全体でなく，ある一部分としては，今後そういった取組も必要であろう。

したがって，「非金融負債」はその全体を表すものとして，その認識範囲や測定などにある程度の柔軟性を持たせることが望まれるのである。

2　会計観

本書においては，代表的な会計観を示す資産負債中心観や収益費用中心観，そして混合思考中心観が，幾度となく各章に登場した。それだけ，様々な事象を説明するのに用いられる重要なバロメーターとして様々な議論の中に登場してきた。

しかし，これまで全ての会計事象をひとつの中心観で説明したものは，筆者の知る限りではない。つまり，近年の動向はこれまで収益費用中心観

に傾きかけたものを，少し資産負債中心観に戻すような感覚であろう。

たとえば，時価会計と取得原価会計も同様に説明できよう。

IASB（2010b）のスタッフペーパーに，資産負債中心観や収益費用中心観以外の新たな会計観として，「ホーリスティック観」が示されている。ホーリスティック観とは，資産負債観と収益費用観を有機的に包含し，財政状態計算書（貸借対照表），包括利益計算書（損益計算書）およびキャッシュ・フロー計算書全体への影響を考慮しようとする会計観である。

（IASB（2010b, pars. 16-18, 32-36））

佐藤倫正（2012）は，このホーリスティック観を「構成要素が相互に密接につながっていて全体との関係のみで説明しようと強調するものであり，全てが構成要素に還元できるという考え方と対極にある考え方である」と捉えている。つまり，この会計観によれば資産負債中心観による包括利益と収益費用中心観による純利益や公正価値や取得原価，期待値や最頻値による測定など異なる測定基準が受容されることになる。

このホーリスティック観は，本書で用いた混合思考中心観とは異なる。混合思考中心観は，ある取引事象に結果的に資産負債中心観と収益費用中心観が含まれていたときに用いられるものである。それに対してホーリスティック観は，その取引事象の取扱いに際し，用いられる思考なのである。これは，近年の急速な国際的な会計基準などの検討から生じる様々な問題をまとめるものとしては最適であると考える。

しかし，この会計観を用いることで，全てを構成要素に還元する努力を怠ってはならない。むしろ今後は，本書本文においても触れたように，会計観を支える根本となる概念の構築（「資産」「負債」の定義および範囲など）が先決であろう。

もうひとつの会計観として第5章で取り上げた田中（2010）の時間軸のバランスがある。

IAS第37号改訂案（2005）の非金融負債の認識要件およびIASB・FASB

概念フレームワーク共同プロジェクトにおける負債の定義からは，過去や将来との連携を捨てて「現在の（経済的）債務」という用語のみを残すことに関しては疑念が残る。確かに，負債性を重視することにより，経営者の恣意性による様々な引当金を計上することは防ぐことができる。しかしたとえば「将来の経済的便益の流出」しないものまでが認識される可能性があり，問題である。まさに，待機債務の議論において，無条件の待機債務が「将来の経済的便益の流出」するまでに，蓋然性要件により区分されたふたつの段階を経ることが確認されている。

またこの議論からも，負債の認識において「将来の経済的便益の流出」が「現在の債務」との相乗効果で負債の認識を支えてきたと言えるのではないだろうか。

3　概念フレームワークとの整合性

本節では，概念フレームワークの国際的動向を確認したうえで，わが国の現状と課題を浮き彫りにする。

3.1　概念フレームワークの国際的動向

IASB・FASB 概念フレームワーク共同プロジェクトはその目的を，原則主義で内的に整合し国際的にコンバージェンスされた将来の会計基準の健全な基礎を作り上げることとしている。また検討により作成される新しいフレームワークは現行の IASB と FASB のフレームワークを基礎に作成される。

このプロジェクトの検討内容は，図表 6-1 のフェーズ A～I とされる。

またこの共同プロジェクトの現在の経過（成果）は，以下のとおりである。

2008年5月にフェーズ A に関する公開草案およびフェーズ D に関する

図表6-1 IASB・FASB 概念フレームワーク共同プロジェクトの検討内容

フェーズ	内　　容
A	財務報告の目的と特徴
B	構成要素および認識
C	測定
D	報告企業
E	表示および開示，財務報告の範囲
F	フレームワークの目的および GAAP における位置づけ
G	非営利企業への適用可能性
I	フレームワーク全般

(FASB（2005），FASB（2011）より）

協議文書が公表された。概念フレームワークの第1フェーズは，財務報告の目的と質的特性を扱っている。そののち2010年9月に IASB・FASB 概念フレームワーク共同プロジェクトは第1フェーズの完了を公表した。
IASB は，これに関連する現行フレームワークの第1章「一般目的の財務報告の目的」および第3章「有用な財務情報の質的特性」などを改訂した。一方，FASB は SFAC 第1号および SFAC 第2号を置き換える SFAC 第8号「財務報告のための概念フレームワーク」を公表し，その中の第1章と第3章として IASB と同様の配置とした。本書に関わる負債や資産の定義や認識を含むフェーズBを含むその他のフェーズは，ようやく2013年7月にその改訂案が示された。

3.2 概念フレームワークとの整合性

　IASB スタッフペーパー（2010, par. 28）によれば，概念フレームワークと非金融負債会計の蓋然性要件の削除に対する矛盾に対し，個々の会計基準の開発や改善が優先されるべきで20年前に作られた概念フレームワークとの一貫性にこだわるべきではないとしている。

　しかし改訂の流れとして，蓋然性要件を支持する現行概念フレームワー

クおよび IAS 第37号の，片方が改訂され一方が中長期に残ることが果たしてよいのであろうか。本書の原文を書きあげた2012年9月末では，この点は全く手つかずであったが，ようやく IASB において2013年7月に動き始めたことは3.1までで幾度となく取り上げた。次々と新たな会計基準としてのテーマが登場する中で，わが国においても企業会計原則を含めて，一度整理すべきであろう。本書でも，現行の概念フレームワークと会計基準との不整合について資産除去債務の除去費用における資産性，また蓋然性要件を認識要件に含むことを取りあげた。

また例えば，仮に IAS 第37号改訂案（2005）がそのまま最終公表され，わが国の「引当金に関する論点の整理」がそれと同様の結論を出した場合，非金融負債会計に関連する項目だけでも，企業会計原則は，会計観（収益費用中心観），会計処理（費用重視の処理），科目の整合性（限定列挙された科目の問題）など多くの矛盾を抱えることになる。よって，早急な対応が求められる。

話を戻せば，個々の会計基準の開発の中で，置き去りにされた観のある概念フレームワークと個々の会計基準の整合性について積極的に取り組むべきであるが，実際の作業を考えれば容易なことではない。しかしこのままでは，先行する個々の会計基準の設定を，概念フレームワークの負債や資産の定義にあてはめていく作業になりかねない。その場合，概念フレームワークが曖昧なものになったり，さらに時間の要するものになることは確実であろう。

4　蓋然性要件の削除の再検討

近い将来，一連の IAS 第37号に関連する改訂作業が終了し，最終公表に至るであろう。これまで7年以上の検討の経過から，IASB は蓋然性要件の削除の可能性は十分にあるが，これまでの議論の問題点を解消するよ

うな新たな方向性を示すことも考えられる。しかし，それとは別にわが国としては「引当金に関する論点の整理」の検討を再開した際に，企業会計基準委員会はコメントと十分な議論から，その新たな方向性を導き出すことが求められる。

このような状況で，これまでの蓋然性要件の削除に関する考察を総括する。

4.1 これまでの議論の総括

まず，蓋然性要件の削除を行うために「将来の経済的便益の流出」を負債の定義などから除外する動きがあった。これは，負債の定義について「現在の債務」に依存することを指す。しかし各基準の「現在の債務」は，法的債務以外の推定的債務などを含むか否かで大きく分かれており，コンバージェンスの観点などから考えれば，文言は統一されるが，実質は大きく異なることになる。この点に関しては「将来の経済的便益の流出」を蓋然性要件によって判断したうえで，「現在の債務」に合意された推定的債務を含むことにより，差異は解消される。さらに会計観における時間軸のバランスからも有効であるということを指摘した。

次に経営者の恣意性の排除という観点からは，発生の確率が低い事象であるが財務諸表上オフバランスにすべきではないケースには評価できるが，発生の可能性の低い事象について信頼性ある測定が行えるのかという点において問題であった。

また待機債務の思考は，それまでの条件付債務を無条件債務とみなし，蓋然性要件による判断を不要とするものであった。しかし結果的に，無条件の待機債務が発生してから経済的便益の流出があるまでは，あらたにふたつの無条件債務の存在があることが検討され，それは蓋然性による判断を要するものであった。

また単一の場合でなく，複数の場合で考えても蓋然性要件を考慮したう

えで期待値を用いる方が良いことにも触れた。

　以上，これまでの蓋然性要件の削除の再検討として，その理由を列挙した。

4.2　最終公表に向けて―さらにわが国の検討に際して―

　一方，進行中の IASB の検討においても，蓋然性要件を容認する流れがある。IAS 第37号改訂案（2010）のコメントを受けた，IASB の第131回会議（2011年11月16日～11月18日開催）において，以下の暫定合意がなされている[1]。

　IAS 第37号改訂案（2010）は，現在の IAS 第37号（1998）は負債の認識要件を整理する上で，次の3つの規準を挙げている。

　一つ目は，負債の存在が不確実な場合には，負債が存在する可能性が高い（発生しないより発生する可能性が高い（more likely than not），すなわち企業が現在の債務を有している可能性が高いという要件を満たす。

　二つ目は，将来の経済的便益の流出となる可能性が高いという，いわゆる蓋然性要件を満たす。

　三つ目は，負債の金額に信頼性のある見積もりができる要件を満たすことである。

　第4章で触れたように，IASB は，これまでの議論において，一つ目の要件から，負債が存在する可能性が高い（発生しないより発生する可能性が高い（more likely than not））を削除し，これをすべての入手可能な証拠を考慮し，負債が存在しているかどうかの判断を行うことに変更し，さらに二つ目の要件を全面的に削除することで議論を進めていた。しかし，「負債の在否に関する判断は閾値がなければ機能しない」「所定の閾値がなければ作成者や監査人の独自判断となり比較可能性をそこなう」などのコメントを受けて，閾値すなわち，「負債が存在する可能性が高い（発生しないより発生する可能性が高い（more likely than not））」要件を残すこと

を暫定合意している。これは,「現在の債務」の要件のもと,「負債の存在」が発生する可能性が高いという蓋然性要件を継続するものである。

これを考察すれば,これまでは「将来の経済的便益の流出」の可能性が高いことを蓋然性要件と捉えてきた。しかし,さらにこの暫定合意を深慮すれば,IASB・FASB 概念フレームワークの負債の概念は「現在の(経済的)債務」と定義される。したがって,この蓋然性要件は「現在の債務」の発生の可能性を示すことになる。

同じく IASB の第131回の会議において,2010年4月に公表されたスタッフペーパー「法的訴訟から生じる負債の認識（Recognizing Liabilities Arising from Lawsuits）」が公表された。この中で,蓋然性要件の削除に対する懸念に対し,以下の追加ガイダンスがなされた。

> 法的手続で被告となっている企業は(a)(b)の場合に,負債を負っている可能性が高いことと判断される。
> (a) 事件が裁判所で処理される場合には,裁判所が企業に不利に判決する可能性が高い場合
> (b) 事件が,和解により解決（out-of-court settlement）される可能性が高い場合

つまり,これが前述した「現在の債務」の発生の可能性の実例ではないだろうか。しかし,会計処理を基に考えて見れば,判決が不利である場合のその金額の見積もりは容易でないケースも多い。このようなケースは,「将来の経済的便益の流出」の可能性が高いと置き換えて考えても良いのではないだろうか。(b)はまさに和解金というものがそれを指す。また(a)の場合も,たとえば環境負債に関する裁判でも,どれだけの範囲の責任を負うか,どれだけの負担がかかるかなどは,発生の可能性の低い現在の債務ではその見積もりにおいて,信頼性のある測定は難しいからである。

まとめれば，非金融負債の認識について蓋然性要件の全面的な削除を行うことが難しいことは明白となった。IASB はそれを負債（＝現在の債務）に置き換えようとしている。しかし，それを判断するためには，やはり「将来の経済的便益の流出」の可能性が高いことを前提として考えなければ，信頼性のある測定とはならない。

またこれまでも何度か指摘したが，蓋然性要件と公正価値測定を併用することは可能なのであろうか。

公正価値測定は，下記に示す IFRS 第 3 号「企業結合」および IAS 第39号より置き換えられる IFRS 第 9 号「金融商品」に採用されている。そのため両者が認めていないものを容認することはできないということである。

> 「取得企業は，企業結合で引き受けた偶発負債が，過去の事象から生じた現在の債務であり，公正価値をもって測定できる場合には，取得日時点で認識しなければならない。したがって，IAS 第37号と異なり，取得企業は，債務を決済するために経済的便益を含む資源の流出が必要とされる可能性が高くない場合であっても，企業結合で引き受けた偶発負債を取得日に認識する」（IFRS 第 3 号 par. 23）
>
> 「当初認識時に，企業は，金融資産または金融負債を公正価値で測定しなければならない」（IFRS 第 9 号 par. 5）

これまでの検討から公正価値は，認識要件として現在の債務を採用し，期待値による測定を行う組み合わせと整合性を持つ。一方，認識要件として蓋然性要件を用い，将来の経済的便益の流出と組み合わせ，最頻値による測定を行うこととは不整合である。この公正価値と蓋然性要件を併用させる解答のヒントは，資産除去債務会計基準におけるわが国の対応にあると考える。

資産除去債務会計基準第 6 項には，資産除去債務の算定として以下のよ

うに挙げられている。

　資産除去債務はそれが発生したときに，有形固定資産の除去に要する割引前の将来キャッシュ・フローを見積り，割引後の金額（割引価値）で算定する。
(1)割引前の将来キャッシュ・フローは，合理的で説明可能な仮定および予測に基づく自己の支出見積りによる。その見積金額は，生起する可能性の最も高い単一の金額または生起し得る複数の将来キャッシュ・フローをそれぞれの発生確率で加重平均した金額とする。

　米国の SFAS 第143号は，資産除去債務の算定に公正価値を用いることを貫くため，最頻値は用いない。しかし，わが国の特徴としては，「生起する可能性の最も高い単一の金額または生起し得る複数の将来キャッシュ・フローをそれぞれの発生確率で加重平均した金額」になるように最頻値と期待値の併用を選択したことである。もちろんコメントにおいても併用に対する疑問はあがっていた。しかし，この選択が資産除去債務適用後も大きな混乱なく，受け入れられている要因ではないだろうか。仮に,「引当金に関する論点の整理」の検討により，蓋然性要件の全面的な削除を行い，期待値のみでの測定を行うことにすれば，基準間の矛盾にもなろう。
　しかしこれまで論じてきたように，やはり柔軟性のある会計基準などの策定が望まれるのではないか。先程会計観で取り上げたホーリスティック観からすれば，それぞれの構成要素が有機的に機能できるように，会計基準を設定する必要があるのではなかろうか。
　つまりそう考えれば，測定については公正価値を原則とし，具体的な測定方法として期待値と最頻値を併用する。またそれに先だって行われる非金融負債の認識は，現在の債務であることを満たし，将来の経済的便益の流出の可能性が高いという蓋然性要件を含む認識を行うことになるであろ

う。

　本書におけるこれまでの考察から，少なからず認識に蓋然性要件を用いることにより，会計の信頼性の質が担保されてきたことは相違ない。

　この質を，どう今後の会計基準に反映させるかが，問われているように思う。

5　まとめ

　本章では，これまでの議論を踏まえ，非金融負債会計の構築と課題に関する総括を行った。

　まずは，非金融負債会計の本質として，定義である「金融負債以外の負債」や新たに認識される環境負債などを踏まえると，全体を統一することに注力するよりも，柔軟性のある認識や測定，会計処理を検討することが有用であることを指摘した。

　そのうえで，会計観として，たとえばホーリスティック観という，これまでの資産負債中心観や収益費用中心観，公正価値や取得原価，期待値や最頻値が全体の関係から相互が受容される思考が求められると指摘した。

　またこれまでの会計観を支えてきた時間軸のバランスが現在（期末日）の現況に集中することへの懸念も示した。

　さらに，概念フレームワークや企業会計原則などは，個々の会計基準の開発が一段落してから行われるものではなく，指摘した不整合を含め早急な対応が求められることを指摘した。

　そして本書の最大のテーマであった蓋然性要件の削除は，負債の定義を「現在の債務」のみに求めることへの矛盾や，信頼性ある測定の観点，待機債務の変容や保険や訴訟といった具体的項目が全面的な蓋然性の削除からの方向転換を行っていることの積み重ねから，蓋然性要件は削除してはいけないことを示した。

具体的には，認識には現在の債務を前提として将来の経済的便益の流出という現行の枠組みを維持する。測定には公正価値を原則とし，わが国の資産除去債務会計基準にならった期待値と最頻値の併用という試案を示した。

また蓋然性要件は，本書の考察から会計の信頼性の質を担保することに貢献をしており，今後の会計基準にも反映させることが重要であることを指摘した。

注記
1) 以下，山田（2011, pp. 50-51）に基づき，内容を報告する。

参考文献
Financial Accounting Standards Board (2005) *Conceptual Framework : Joint Project of the IASB and FASB, Project Updates, Last Revisions : September 26, 2005*.
Financial Accounting Standards Board and International Accounting Standards Board (2008) *Phase B : Elements & Recognition. Conceptual Framework : Agenda Paper 2*. FASB /IASCF.
Financial Accounting Standards Board (2010) *Conceptual Framework for Financial Reporting —Chapter 1, The Objective of General Purpose Financial Reporting, and Chapter 3, Qualitative Characteristics of Useful Financial Information. Statement of Financial Accounting Concepts No. 8* FASB (a replacement of FASB Concepts Statements No. 1 and No. 2).
Financial Accounting Standards Board (2011) *Current Technical Plan and Project Updates as of April 2011*.
International Accounting Standards Board (2004) *Business Combination.. International Financial Reporting Standard No. 3*.
International Accounting Standards Board (2005a) *Amendments to IAS No. 37, Provisions, Contingent Liabilities and Contingent Assets and IAS No. 19 Employee Benefits. Exposure Draft of Proposed*, IASCF.
International Accounting Standards Board (2005b) *Amendments to IFRS 3 Business Combination. Exposure Draft of Proposed*, IASCF.

International Accounting Standards Board (2007) *Conceptual Framework Phase B : Elements and Recognition-Asset Definition : Cover Note. Agenda Paper 4A*, IASCF.

International Accounting Standards Board (2009) *Financial Instruments. International Financial Reporting Standard No. 9*.

International Accounting Standards Board (2010a) *Staff Paper, Recognizing Liabilities Arising from Lawsuits*.

International Accounting Standards Board (2010b) *Staff Paper, Project 57 : Conceptual Framework, Measurement Implications of the Objective of Financial Reporting, Measurement Implications of the Qualitative Characteristics, Topic : What the Measurement Chapter Should Accomplish*, IASB.

International Accounting Standards Committee (1998a) *Provisions, Contingent, Liabilities and Contingent Assets. International Accounting Standard No. 37*.

International Accounting Standards Committee (1998b) *Financial Instruments : Recognition and Measurement. International Accounting Standard No. 39*.

川村義則（2007）「非金融負債の会計処理―非金融資産とのグループ化」『早稲田商学』第413・414合併号, pp. 201-224.

菊谷正人（2003）「『企業会計原則』と概念フレームワーク―国際的調和化における『企業会計原則』の将来」『會計』第163巻第6号, pp. 849-862.

佐藤倫正（2012）「ホーリスティック会計観の実名」『税務経理』第9158号, p. 1.

田中建二（2010）「IFRSにおける負債の認識と測定」『企業会計』第62巻第9号, pp. 18-24.

角ヶ谷典幸（2012）「ホーリスティック観と日本の会計環境」『国際会計研究学会年報』2011年度第2号, pp. 45-60.

山田辰巳（2011）「IASB会議報告（第130～135回会議）」『会計・監査ジャーナル』No. 668, pp. 45-62.

企業会計基準委員会（2009）「引当金に関する論点の整理」財務会計基準機構

終章　本書の総括

　本書の目的は，現在も検討中の非金融負債会計の問題点を指摘し，それに対する試案を作成し検討を行うものであった。

　まず，非金融負債会計の特徴を有するものとして，資産除去債務に関する会計基準について，その会計処理として採用された「資産負債の両建処理」に関して考察を行った。その考察の結果，現行の概念フレークワークの資産の定義に該当しないなどの理由から新たな思考で会計処理試案の検討を行った。その試案は，現在検討される非金融負債会計にも整合するものであり，資産除去債務に該当するものを「非金融負債処理」とし，資産の定義を満たさない従来の引当金処理を原則とした。また資産の定義を満たすもの，すなわち「資産負債の両建処理」については例外として整理した。

　次に IAS 第37号改訂案（2005）に関して考察を行った。そこでは，公正価値測定を前提とするため，思考が整合しない蓋然性要件に基づく「経済的便益の流出」を負債の定義から取り除く方向性が妥当とされた。しかし，そのために用いた条件付債務を一律に無条件債務と考える待機債務の考え方は矛盾をきたし，保険や訴訟に関する負債では，蓋然性要件を容認するガイダンスなどが追加された。

　まずは，IAS 第37号改訂案（2005）の引当金の認識要件において「蓋然性要件の削除」が示され，それと歩調を合わすように IASB・FASB 概念フレームワーク共同プロジェクトにおいて，負債の定義として「現在の債

務」を重視することがそれを補完する方向性であることを指摘した。

そののち,「蓋然性要件の削除」による認識の変化が,「経営者の恣意性の排除」および「信頼ある測定」にどのような影響を与えたのかを検討し, さらに蓋然性要件の削除と合わせて提案された「待機債務」という考え方が, どのような矛盾点を抱え, 議論の中で変容していったかを考察した。

また蓋然性要件の削除に派生して起こる「負債の認識範囲の拡大」および「非金融負債と非金融資産の対称性」の論点も取りあげ, それらを今後の方向性も踏まえ検討を行った。

総括として第6章では非金融負債会計の構築と課題として, わが国の「引当金に関する論点の整理」においては, 非金融負債の本質を踏まえた議論が必要であり, どのような会計観に基づき基準を作成していくべきか提案した。

さらには「概念フレームワークとの整合性」にも触れ, 基準策定と平行して検討することの必要性を取り上げた。

最後に本書で触れた蓋然性要件の削除の論拠を列挙し, そのうえで公正価値測定を原則とした蓋然性要件の併用の検討について言及した。

参考文献

Financial Accounting Standards Board (2005) *Conceptual Framework : Joint Project of the IASB and FASB, Project Updates, Last Revisions : September 26, 2005*.

International Accounting Standards Board (2005) *Amendments to IAS No. 37, Provisions, Contingent Liabilities and Contingent Assets and IAS No. 19 Employee Benefits. Exposure Draft of Proposed*, IASCF.

付録

有形固定資産の取得後支出の会計処理に関する一考察

　ここでは，本書 p. 107に関連し，有形固定資産の取得後支出の会計処理に関する一考察として，資本的支出及び収益的支出を，すべて資産負債の両建処理によって処理することを試みた政岡（2008）のケースを紹介する。
　そののち，それを引当金処理に当てはめた場合，それが可能かどうか，独自に検討した。

　以下，設例を挙げ考察を行う。
＜設例＞
・設備の取得原価100（耐用年数10年，残存価額 0 ）
・資産除去債務100
・ 5 年目末に当該設備の修繕に関するコスト50
　（内訳：修繕費25，資本的支出25）が発生
・設備取得時点において，資産除去債務及び修繕費等に関する見積もりが可能
・支出は見積通りに行われる。
・簡略化のため，割引計算は考慮しない。

＜会計処理＞
・ケース 1 　現行の日本における除去時費用処理
・ケース 2 　資産除去債務会計基準における資産負債の両建処理
・ケース 3 　政岡（2008）が試みた資産負債の両建処理

・ケース4　筆者が試みた引当金処理

　以下政岡（2008, pp. 145-146）に基づいて，この会計処理を説明する。
　米国におけるアスベスト除去コストの会計によれば，本来的には修繕費として費用処理されるべきコストについて，資産の取得原価に含めて処理すべきことが要求されている。
　このような処理が認められるということは資本的支出の要件を満たさない支出であっても取得時点でコストの見積りが合理的に行うことができるのであれば，取得原価に含める余地があることを意味する。
　それらの支出を取得時点で「修繕負債」とし資産負債の両建処理で仕訳処理したものが，図表Aのケース3である。
　ケース3の利点は修繕費と資本的支出の会計処理の区別がなくなり，将来支出されるコストを見積もり計上する処理であるため，支出時に費用処理する場合に比べ費用計上額が平準化される（図表B参照）。
　ケース1，ケース2と比較すると，修繕に関するコスト50は，図表Aの5年目の仕訳の借方を見ると「修繕負債50」となるため，資本的支出及び修繕費（収益的支出）との区別が不要になり，図表Bを見れば利益の平準化をもたらす。そのため，投資家にとっても有用であるといえる。
　つまり政岡は，資本的支出および収益的支出を資産除去債務とみなし同様の会計処理を行うことで，会計実務上の煩雑さや利益の平準化が期待できるとしている。
　しかし実際，この会計処理は，本来資産性を有しない修繕費（収益的支出）25まで有形固定資産（設備）として資産計上している。資産除去債務が「法律上の義務及びそれに準ずるもの」を要件としていることを考えれば，修繕費の資産計上は，現実的ではないといえる。
　また取得時の資産計上額が，ケース1（100）に対し，ケース2（200），ケース3（250）となり，ケース2の資産負債の両建処理は割引現在価値

付録　有形固定資産の取得後支出の会計処理に関する一考察　203

図表A　ケース1〜3における各期の仕訳

	ケース1	ケース2	ケース3
取得時	(借)設備 100　(貸)現金預金100	(借)設備 100　(貸)現金預金100 (貸)資産除去債務100	(借)設備 100　(貸)現金預金100 (貸)資産除去債務100 (貸)修繕債務 50
1〜4年目	(借)減価償却費 10　(貸)減価償却累計額 10	(借)減価償却費 20　(貸)減価償却累計額 20	(借)減価償却費 25　(貸)減価償却累計額 25
5年目	(借)修繕費 25　(貸)現金預金 25 (借)設備 50　(貸)現金預金 50	(借)減価償却費 20　(貸)減価償却累計額 20 (借)修繕費 25　(貸)現金預金 25 (借)設備 50　(貸)現金預金 50	(借)減価償却費 25　(貸)減価償却累計額 25 (借)修繕債務 50　(貸)現金預金 50
6〜9年目	(借)減価償却費 15　(貸)減価償却累計額 15	(借)減価償却費 25　(貸)減価償却累計額 25	(借)減価償却費 25　(貸)減価償却累計額 25
10年目	(借)減価償却累計額 125　(貸)設備 110 (借)減価償却費 15 (借)除去費用 100　(貸)現金預金100	(借)減価償却累計額 225　(貸)設備 200 (借)減価償却費 25 (借)資産除去債務 100　(貸)現金預金100	(借)減価償却累計額 225　(貸)設備 250 (借)減価償却費 25 (借)資産除去債務 100　(貸)現金預金100

(出所：政岡 (2008, p. 146) より)

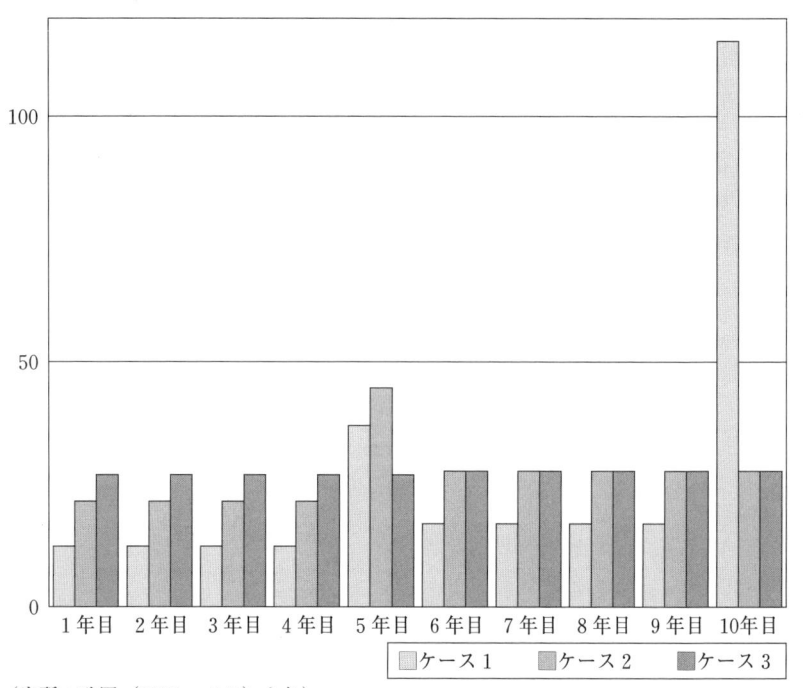

図表B　ケース1〜3における費用計上額の推移

(出所：政岡（2008, p. 146）より）

により測定を行うため見積数値を使用することになる。その数値がケース3により，さらに増加することとなることからも財務諸表の信頼性の観点からも疑問が残る。

　以上の考察から，さらに会計実務上資本的支出と収益的支出の区別は取得時点では困難であることが多いことを考慮すれば，ケース3の会計処理が採用されるのは，取得時点で修繕にかかる支出が合理的に見積もることができ，かつ，過去の事例等に基づきその支出の全額が資本的支出に該当する場合という非常に限られたケースとなるだろう。

　ではケース4として，資本的支出や収益的支出を「引当金処理」により会計処理を行った場合について考察する。

付録　有形固定資産の取得後支出の会計処理に関する一考察　205

図表C　ケース4として引当金処理を行った場合

取得時	（借）設備100	（貸）現金預金100	
1～4年目	（借）減価償却費10 （借）資産除去引当金繰入10 （借）修繕引当金繰入10	（貸）減価償却累計額10 （貸）資産除去引当金10 （貸）修繕引当金10	…X
5年目	（借）減価償却費10 （借）資産除去引当金繰入10 （借）修繕引当金繰入10 （借）修繕引当金50 （借）設備25	（貸）減価償却累計額10 （貸）資産除去引当金10 （貸）修繕引当金10 （貸）現金預金50 （貸）修繕引当金戻入25	…X …Y
6～9年目	（借）減価償却費15 （借）資産除去引当金繰入10	（貸）減価償却累計額15 （貸）資産除去引当金10	
10年目	（借）減価償却費累計額235 （借）減価償却費15 （借）資産除去引当金繰入10	（貸）設備250 （貸）資産除去引当金10	

（筆者作成）

　その場合，修繕コスト50は，引当金として1～5年目に10ずつ認識されると仮定すると，本来その仕訳は下記のようになる。

　　（借）修繕費5　　（貸）修繕引当金　10
　　（借）設備5

　しかし，会計実務上資本的支出と収益的支出の区分は支出以前には困難であるという現実を考慮すれば，修繕コスト50は，図表Cの仕訳処理Xにより行われることになる。
　ケース3と比較してみると，取得時の設備は100と見積数値を使用しない値となる。言い換えると取得時に設備を100として計上することは，「資産性のあるものだけを資産に計上する」ため会計理論に基づく会計処理を行っていると言える。
　一方費用計上額は，1～4年目（30），5年目（5），6～10年（25）となる。この処理は，本来資本的支出により資産計上される額を取得時以降

1～5年目に修繕引当金繰入として10ずつ費用計上するため，5年目に修繕引当金戻入（仕訳処理Y）が生じ，期間損益計算を著しく損ねる可能性がある。

　以上政岡（2008）のケース3の考察及び筆者のケース4の考察は，いずれも資本的支出と修繕費の問題を除去費用の問題に置き換えることが容易でないことを示す。

　すなわち資本的支出25が設備として計上されるのは5年目末でないと「会計理論と会計基準の整合性」が保たれていないため，矛盾が生じるのである。

　よって，一連の考察から有形固定資産の取得後支出を一括して区分することは非常に困難で，いくつかの会計処理に分けて行うことが適切であることが証明されたといえよう。

参考文献
政岡孝宏（2008）「資産除去債務の会計にみられる取得原価概念の変容」『企業会計』
　　第60巻第1号，pp. 140-149.

さくいん

【あ行】

アメリカ会計学会　61
一取引基準　95
売上割戻引当金　35
欧州統計局　136
汚染者負担原則　50

【か行】

会計観　129, 140, 186
会計研究公報　16
会計上の純負債　89
会計理論　105
　　——に基づく会計処理　106
蓋然性　123, 129, 138, 148, 154
　　——要件　30, 124, 125, 130, 135, 138, 148, 192
　　——要件の削除　152, 153, 190
外部不経済　135
貸倒引当金　33
環境会計　50
環境修復
　　——義務　165
　　——引当金　36
　　——負債　52
環境負債　50, 112, 135, 174

環境保証債務　137
企業会計基準委員会　2
企業会計原則　9, 143
企業会計原則注解18　31, 174
企業結合　26
企業固有の測定　60
擬制債務　136
期待キャッシュ・フロー　158
期待現在価値　62
期待値　125, 158, 164, 195
キャッシュ・アウトフロー　158
強制　173
　　経済的——　173
　　同等の——　173
　　法的——　173
　　倫理的——　173
緊急問題諮問委員会　17
偶発債務　123, 124
偶発事象　19, 126, 131
偶発損失　124, 126
偶発負債　11, 31, 133
偶発利得　126
経営者の恣意性　153
経済的
　　——強制　173

──資源　86
　　──便益　86
　　──便益の流出　30
計算擬制項目　124
減価償却　64, 100, 105
現金価格相当額　105
現在の債務　30, 72, 148, 167, 188
原子力発電施設解体引当金　97
減損処理　177
工事損失引当金　35
工事補償引当金　36
公正価値　26, 58, 130, 163, 177, 194
後発事象　19, 131
衡平法上の債務　136, 174
国際会計基準委員会　1
国際会計基準委員会財団　18
国際会計基準書　18
国際会計基準審議会　1
国際財務報告基準　18
国際財務報告基準書　18
コスト集積による測定　60
混合思考中心観　93, 101, 187

【さ行】

財産法　91, 93
最善の見積り　157
再調達原価　92
最頻値　125, 158, 164, 195
債務
　環境保証──　137

現在の──　148, 167, 188
衡平法上の──　136, 174
条件付──　163
推定的──　57, 72, 172, 173, 174
潜在的──　133, 152, 164
待機──　163, 168
法的──　57, 59, 72, 172, 174
法的強制力のある──　59
無条件──　163
財務会計基準諮問評議会　53
財務諸表準則　8
債務でない引当金　10
財務比率　102
債務保証損失引当金　36
残存価額控除法　97
時間軸　32, 151, 187
資産　86
資産収益率　103
資産除去債務　44, 112, 137
　条件付──　61
資産性　82, 91
資産負債アプローチ　93
資産負債中心観　78, 93
資産負債の両建処理　47
資産負債利益観　93
私的コスト　135
資本的支出　107, 202
社会的コスト　135
収益的支出　202
収益費用

――アプローチ　93
――中心観　11, 78, 93, 172
――利益観　93
修繕引当金　33, 79, 89
取得原価概念　64, 92
取得時費用処理　97
準備金　8
　特別法上の――　36
償却性資産　84
条件付債務　123, 163
条件付資産除去債務　61
使用の都度　109
賞与引当金　36
将来キャッシュ・アウトフロー　92
将来キャッシュ・インフロー　92
将来キャッシュ・フロー　125
将来の経済的便益の流出　148, 188
除去　46
除去時費用処理　97, 101
除去費用　49, 82, 91, 105
信頼性ある測定　156
推定的債務　28, 57, 72, 172, 173, 174
スーパーファンド法　51, 165
ストック　94
ストック認識法　175
生起する確率　148
製品保証損失引当金　35
潜在的債務　133, 152, 164
双務未履行　81
即時費用化　85

測定可能性　138
訴訟損失引当金　36
損益法　93
損害補償損失引当金　36

【た行】
待機債務　163, 168, 191
退職給付引当金　35
長期前払費用　83
通常の使用　45
積立金　8
負債, 電気・電子機器廃棄物処理負債　137
伝統的現在価値技法　58
投資損失引当金　33
当初見積額　66
同等の強制　173
同等物　87
特定引当金　9
特別修繕引当金　33, 89
特別法上の準備金　36
特別法上の引当金　36
土壌汚染対策法　50, 84

【な行】
二取引基準　95
認識範囲　68
認識範囲, 負債の　172

【は行】

発生主義　11
ピースミール方式　2
引当勘定　8
引当金　8, 88
　売上割戻——　35
　貸倒——　33
　環境修復——　36
　原子力発電施設解体——　97
　工事損失——　35
　工事補償——　36
　債務でない——　10
　債務保証損失——　36
　修繕——　33, 79, 89
　賞与——　36
　製品保証損失——　35
　訴訟損失——　36
　損害補償損失——　36
　退職給付——　35
　投資損失——　33
　特定——　9
　特別修繕——　33, 89
　特別法上の——　36
　評価性——　8, 33, 89
　負債性——　8, 89
　「不利な契約」に係る——　36
　返品調整——　35
　ポイント——　36
　役員退職慰労——　36
　有給休暇——　36

リストラクチャリング——　36
　——関する論点の整理　32
　——の定義　27, 30
非金融資産　176
非金融負債　21, 25, 28, 176, 185
　——会計　1, 112
　——処理　112
　——の定義　30
非償却資産　84
ビッグバス　177
評価性引当金　8, 33, 89
費用収益対応の原則　11
費用性　78
費用発生原因主義　11
不確実性　59, 126, 148
負債　86, 112
負債性　28, 78
　——引当金　8, 89
負債の定義　30, 88
負債の認識　188
負債の認識範囲　172
付随費用　63
負の残存価額　100
ブラウンフィールド法　52
「不利な契約」に係る引当金　36
フロー　94
フロー認識法　174
米国公認会計士協会　52
ペナルティーコスト　135
返品調整引当金　35

ポイント引当金　36
法的強制　173
法的強制力のある債務　59
法的債務　28, 57, 59, 72, 172, 174
法律上の義務およびそれに準ずるもの　44, 68
ポートフォリオ　164
ホーリスティック観　187

【ま・や・ら・わ行】
無条件債務　163
役員退職慰労引当金　36
約束的禁反言の原則　45, 72
有給休暇引当金　36
有形固定資産回転率　103
有形固定資産取得損　99
有姿除却　47
予測キャッシュ・フロー　60
ラブキャナル事件　51
リース負債　89
リスク・プレミアム　60
リストラクチャリング引当金　36
倫理的強制　173

六価クロム事件　52

【A to Z】
allowance　14
estimated liability　15
FIN 第47号　62
IASB・FASB 概念フレームワーク共同プロジェクト　2, 150, 173, 178, 188
IAS 第10号　19
IAS 第16号　63
IAS 第37号　143, 175
IAS 第37号改訂案　33, 150
probable　57, 126, 131
provision　14
RCRA 法　51
reserve　14
SFAS 第143号　12, 56, 175
SFAS 第5号　13, 143, 174
SHM 会計原則　10

松本　徹（まつもと　とおる）

1967年　山口県生まれ
2010年3月　法政大学大学院経営学研究科修士課程を経て修士（経営学）を取得。2013年3月　専修大学大学院商学研究科博士後期課程を経て博士（商学）を取得。
現在　国際医療福祉大学医療福祉学部講師。
主要学術論文：「非金融負債会計の認識における蓋然性要件の一考察」『会計論叢』第8号　明治大学専門職大学院会計専門職研究科2013年。「非金融負債会計の国際的な動向とわが国の対応」『會計』第182巻第4号　森山書店2012年。「環境負債の会計処理に関する諸問題」『会計論叢』第7号　明治大学専門職大学院会計専門職研究科2012年。「資産除去債務の会計処理方法に関する一考察」『専修社会科学論集』第40号　専修大学大学院学友会2011年。

非金融負債会計の研究
―蓋然性要件の取扱いを中心として―

2014年2月28日　第1版第1刷

著　者　松本　徹
発行者　渡辺　政春
発行所　専修大学出版局
　　　　〒101-0051　東京都千代田区神田神保町3-8
　　　　　　　　　㈱専大センチュリー内
　　　　電話　03-3263-4230(代)
印刷・製本　株式会社加藤文明社

Ⓒ Toru Matsumoto 2014 Printed in Japan
ISBN978-4-88125-287-1